Email: contact@2doubleccies.com

Stratégie pour réussir votre Laboratoire de CCIE
Le guide non-technique

Par

Dean Bahizad
CCIE 18887 (R&S, SP)

Vivek Tiwari
CCIE 18616 (R&S, SP)

Email: contact@2doubleccies.com

Droits d'auteur

Stratégie pour réussir votre Laboratoire de CCIE, le guide non-technique, Droits d'auteur : M.M.D.D. Multimedia LLC.

Droits d'auteur de couverture : M.M.D.D. Multimedia LLC.

© 2012 M.M. D.D. Multimedia LLC. Donna Menna et Vivek Tiwari, Northville, MI (USA)

contact@2doubleccies.com

Tous droits réservés. Ce guide comprend un matériel protégé par les lois et traités internationaux et fédéraux des droits d'auteurs. Toute reproduction ou utilisation non-autorisée de tout ou une partie de ce matériel est strictement interdite. Aucune partie de ce livre ne peut être reproduite ou transmise sous quelque forme que ce soit, électronique ou mécanique, dont la photocopie, l'enregistrement ou tout stockage d'information ou système de récupération sans l'autorisation écrite expresse de l'auteur / éditeur. Seul un chroniqueur peut utiliser de courts extraits ou citations s'il écrit une chronique.

Garantie

Le livre "STRATEGIE POUR REUSSIR VOTRE LABORATOIRE DE CCIE, LE GUIDE NON-TECHNIQUE" et son contenu sont fournis « en l'état », sans garantie ou représentation explicite, implicite ou statutaire, notamment, mais sans s'y limiter, aucune garantie d'absence de contrefaçon, de valeur marchande ou d'adéquation à un usage particulier. Tout a été mis en œuvre pour que ce livre soit le plus complet et précis possible. MMDD Multimedia LLC et les auteurs se dégagent de toute responsabilité légale vis-à-vis des pertes ou dommages que pourraient subir toute personne ou entité en raison du contenu ci-inclus.

Marques déposées

Toutes les marques mentionnées sont déposées par leurs propriétaires. MMDD Multimedia LLC. n'est associée à aucun produit ou vendeur cité dans ce livre. L'utilisation d'un terme dans ce livre ne doit pas être considérée comme affectant la validité de toute marque de fabrique ou de service. Tous les termes mentionnés dans ce livre qui sont des marques de fabrique ou service reconnus sont écrits en majuscule de manière appropriée. MMDD Multimedia LLC. Ne peut attester de l'exactitude de ces informations.

Cisco, CCIE, CCNP, CCNA, Cisco IOS et IOS, NX-OS, and IOS-XR sont des marques ou marques déposées de Cisco et/ou de ses affiliés aux Etats-Unis et autres territoires. Les auteurs ne représentent Cisco en aucune façon. Ce livre et son contenu n'ont pas été vérifiés, approuvés ou endossés par Cisco.

Email: contact@2doubleccies.com

Eloges pour "Stratégie pour réussir votre laboratoire de CCIE"

Kenya Thomas, CCSI #34027

« Un guide des coulisses de la préparation à la CCIE par deux titulaires de la CCIE. Pas d'absurdité, pas d'abus. Simplement la vérité absolue sur ce qu'il faut faire pour devenir une CCIE. Un must pour quiconque désire sérieusement obtenir sa certification CCIE. Rien n'est comparable sur le marché ! (les calendriers à eux seuls valent le prix du livre). Procurez-vous le dès maintenant ! »

Benjamin T. Parrish, CCIE# 11435

« Il existe des ressources et des pratiques commerciales qui rendent la préparation de la CCIE plus facile, ou même possible. Le processus de pensée que ce livre décrit facilite les aspects de la préparation auxquels nous, la gente scientifique, ne pensons même pas. »

Glenn Sharpnack, Candidat CCIE

"Ce livre extrêmement facile à lire offre l'aperçu non-technique nécessaire pour réussir l'examen du laboratoire de CCIE. Je conseille à tous ceux qui veulent réussir leur CCIE de le lire avant de commencer leur préparation et de suivre méticuleusement les choses à faire et à ne pas faire, ainsi que le calendrier à tenir. »

Email: contact@2doubleccies.com

Tahir Awan, CCIE#12680

« Le livre se lit parfaitement. Un superbe regard depuis les coulisses de l'expérience CCIE ! Dean et Vivek ont mis en avant l'esprit CCIE d'une manière éloquente. Un chef d'œuvre ».

Sun-Ly Du, Candidat CCIE

« Ce livre vous mène droit au but et les puissantes stratégies aident définitivement à réussir le laboratoire de CCIE. Ce livre m'a donné un calendrier clair pour préparer ma CCIE. »

Ce que d'autres chroniqueurs ont dit :

- ✓ *Ce livre donne des conseils jamais donnés par tout autre livre pour la CCIE !*

- ✓ *Le CCIE me semble être à ma portée après avoir lu ce livre.*

- ✓ *Ce livre unique couvre les aspects non-techniques extrêmement importants pour la préparation de l'examen du laboratoire de CCIE.*

- ✓ *Ce type de mentorat de la part de deux CCIE est sans prix.*

- ✓ *Ce livre me permet de savoir quand je serai prêt pour l'examen pratique.*

- ✓ *Je vais définitivement utiliser ce livre pour ma seconde CCIE !*

Email: contact@2doubleccies.com

A propos des auteurs

Vivek Tiwari   CCIE # 18616
(Routage et Commutation et Fournisseur de Services)

Vivek Tiwari possède une License en Sciences Physiques, un MBA et de nombreuses certifications pour plusieurs vendeurs dont le CCIE de Cisco. Avec un double CCIE Routage et Commutation et Fournisseur de Services en mains, il guide et forme d'autres ingénieurs. Vivek travaille dans l'industrie inter-réseaux depuis plus de quinze ans entant que consultant pour plusieurs entreprises Fortune 100. Ces dernières comprennent des fournisseurs de services, ainsi que des sociétés de conglomérats internationaux. Ses cinq ans d'expérience auprès des Services Avancés de Cisco lui ont apportés respect et admiration de la part de ses collègues et de ses clients. Il est spécialisé dans l'architecture des réseaux, la formation, les opérations, la gestion et les relations clients, ce qui a fait de lui un formateur et mentor prisé, ainsi qu'un leader reconnu. Vivek est actuellement consultant dans le secteur public.

Email: contact@2doubleccies.com

Bayan Dean Bahizad   CCIE # 18887
(Routage et Commutation et Fournisseur de Services)

Dean Bahizad possède une License en Sciences Appliquées (Ingénierie) et travaille dans les réseaux depuis plus de quinze ans. Il a collaboré sur des réseaux globaux complexes en tant qu'ingénieur consultant pour de nombreuses sociétés Fortune 100. Il a travaillé dans le secteur des institutions financières, automobile, fabrication, et service. Il a été ingénieur consultant et spécialiste éducateur pour Cisco pendant plus de cinq ans. Dean a voyagé dans les quatre coins de la planète entant que spécialiste formateur et a travaillé en étroite collaboration avec les fournisseurs de service de niveau 1 pour la formation et pour le déploiement d'équipement de haute technologie, comme CRS1/CRS3, CRS Multi-Châssis et plateforme ASR. Dean est brillant dans son engagement envers la clientèle, sa capacité à délivrer des technologies complexes de manière simple, claire et précise. Si vous avez participé à l'une de ses classes, vous comprendrez pourquoi les gens disent qu'on peut rire et apprendre en même temps.

Email: contact@2doubleccies.com

Remerciements

Nous souhaitons remercier Donna Menna, notre éditeur, pour avoir converti notre jargon d'ingénieur en langage compréhensible et imprimable.

Nous aimerions également remercier particulièrement Neeka Karimian, Daria Karimian et Avantika Tiwari pour leur aide sur les dernières corrections.

Nous sommes très reconnaissants à notre traductrice française Helen Vallaud Singh et notre éditrice française **Ghislaine Baghdadi-Aka**, pour leur travail acharné.

Nous sommes reconnaissants pour les chroniques et suggestions de:

Kenya Thomas

Tahir Awan

Sun-Ly Du

Glenn Sharpnack

Charlie Ball

Benjamin Parrish

Nous aimerions exprimer notre gratitude à Daria, Bahi, Neeka, Nadia, Mateen et Ben Karimian pour leur hospitalité et leurs réserves inépuisables de thé, café, repas et amitié pendant toutes les longues journées et nuits passées sur ce livre.

Enfin, nous souhaiterions remercier toutes les personnes qui nous ont aidées et encouragées tout au long de ce travail.

Email: contact@2doubleccies.com

Dédicace

Vivek Tiwari: Je voudrais dédicacer ce livre à mes parents et à mes beaux-parents. Vos inspirations, enseignements et bénédictions sont la main invisible qui me guide à tous les moments de ma vie.

Dean Bahizad: Je souhaiterais dédicacer ceci à toute ma famille qui m'a soutenue à travers tous les aléas de la vie. Vous m'offrez un incroyable soutien et je ne serais pas où je suis aujourd'hui sans les bénédictions que Dieu a accordées à ma famille et à moi-même. Un grand merci à ma meilleure amie et âme sœur qui m'a accompagné à travers ce voyage. A Anisa et Arian qui apportent joie et amour à ma vie chaque jour.

Email: contact@2doubleccies.com

Table des matières

Droits d'auteur	ii
Remerciements	vii
Dédicace	viii
Table des matières	ix
Introduction	1
Chapitre 1 : Souhaitez-vous vraiment obtenir votre CCIE ?	9
Chapitre 2 : Un coNTE à propos de deux ingénieurs	12
Chapitre 3 : Pourquoi ce livre	18
Chapitre 4: La CCIE est difficile mais pas impossible	21
Chapitre 5 : Investir dans la certification CCIE	25
Chapitre 6: Que se passe-t-il quand on obtient sa CCIE?	31
Chapitre 7 : Le cercle de confiance	35
Chapitre 8 : Gérer les influences extérieures	39
Chapitre 9 : Fixer une récompense lors d'une réussite	46
Chapitre 10 : La première clé	49
Chapitre 11 : La seconde clé	54
Chapitre 12 : La troisième clé	62
Chapitre 13 : Déverouillez la boite	67
Chapitre 14 : Que les jeux commencent !	69
Chapitre 15 : Votre partenaire pour le succès	73
Chapitre 16 : Travaillez dur et jouez encore plus dur	78
Chapitre 17: Créez un emploi du temps et respectez-le	82
Chapitre 18 : Le compte à rebours	85
Chapitre 19 : Livres / vidéos / ressources de laboratoire	90
Chapitre 20 : VOD	95
Chapitre 21 : Apprendre les bases	100
Chapitre 22 : Maintenir votre forme	102
Chapitre 23 : Faites-en plus pour en avoir plus	106

Email: contact@2doubleccies.com

Chapitre 24: La base doit être à 100%	109
Chapitre 25 : Sauter dans LE BASSIN	112
Chapitre 26 : Attendez-vous à l'omission de détails	117
Chapitre 27 : Quoi faire les trois derniers mois, semaines & jours	120
Chapitre 28 : Tir rapide	123
Chapitre 29 : Sortie dans l'espace	126
Chapitre 30 : L'heure après l'atterrissage	131
Chapitre 31 : La seconde tentative est courante	134
Chapitre 32 : Auto-alignement	136
Chapitre 33 : Le prochain tour	141
Chapitre 34 : A faire	144
Chapitre 35 : A ne pas faire	150
Chapitre 36 : De L'ordinaire à L'extraordinaire	154
Chapitre 37 : Suggestion de calendriers pour la préparation de la CCIE	159
Calendrier de soldat (débutants)	160
Calendrier de sergent (laboratoire tenté une fois)	168
Calendrier de vétéran	176
Calendrier de SEAL (CCIE suivante)	184
Calendrier de super-héros (CCIE suivante)	192
Conclusion	200

INTRODUCTION

Un homme sage a dit « l'être humain est une mine riche qui recèle de pierres d'une inestimable valeur. Seule l'éducation peut en révéler ses trésors et permettre à l'humanité d'en profiter». Ce livre a été écrit pour vous aider à devenir autonome et pour vous permettre de comprendre ce qui vous attend dans votre voyage vers la CCIE.

Tout d'abord, nous allons vous expliquer ce qu'est la CCIE. La certification Cisco en expertise d'interconnexion de réseaux (Cisco Certified Internetworking Expert) est une certification d'élite reconnue dans le monde entier comme la meilleure certification en travail en réseaux. Certains la surnomment le Doctorat en réseaux et la plupart de ceux qui ont entrepris ce voyage peuvent attester de ce fait. Cette certification prouve non seulement vos prouesses techniques mais ajoute également un prestige à votre Curriculum Vitae. Elle permet d'augmenter votre salaire et de vous offrir la sécurité de l'emploi en cette période de crise. Il a été établi que durant les dix dernières années, plus de la moitié des ingénieurs qui ont passé l'examen écrit ont échoué ; et pour ceux qui ont tenté le laboratoire, il leur a fallu au moins trois tentatives pour le réussir.

Après avoir complété les deux différentes certifications du Laboratoire de CCIE, nous avons réalisé qu'un élément important (les aspects non-techniques) manquait au matériel pédagogique. Cet élément n'a été enseigné nulle part jusqu'à maintenant. Nous avons créé ce livre unique pour parler des aspects non-techniques du Laboratoire de CCIE. Ce livre est pour quiconque souhaite relever le défi de la CCIE ou qui a déjà passé l'examen écrit. C'est pour ceux qui ont échoué au laboratoire et pour ceux qui ont déjà une CCIE et qui souhaitent poursuivre une voie de CCIE différente.

Nous souhaitons souligner que nous sommes ingénieurs tout comme vous, et c'est pour cela que ce livre est court et va droit au but. Dans notre expérience, nous avons constaté que les candidats à la CCIE considèrent l'examen de laboratoire comme n'importe quel autre examen. Comme cet examen est gigantesque, beaucoup se laissent distraire ou décourager. Dans beaucoup d'exemples, c'est à cause des aspects non-techniques. Voici quelques scénarios que nous avons constatés.

Scénario 1:

Vous planifiez une date à laquelle vous voulez passer votre laboratoire de CCIE et commencez à étudier très dur. Quand la date approche, vous vous rendez compte que vous n'êtes pas prêt et vous reportez la date de l'examen. Après deux ou trois fois, vous arrêtez d'essayer.

Le problème dans ce scénario est que votre date n'est pas bien planifiée. Elle est ou trop proche ou vous n'avez pas la possibilité de libérer assez de temps pour étudier. Ces deux problèmes non-techniques seront revus dans ce livre.

Scénario 2:

Vous commencez à vous préparer après avoir lu le projet du laboratoire. Le nombre élevé de livres à lire vous prouvent que c'est difficile. Après avoir lu trois ou quatre livres, vous vous rendez compte que vous avez déjà oublié des choses du premier livre. Quand cela se produit, vous pourriez vous sentir submergé et arrêter d'étudier.

Le problème dans ce scenario est qu'il faut que vous changiez la manière dont vous vous préparez et vous étudiez le laboratoire CCIE. Vous devez être très spécifique quant au matériel pédagogique que vous utilisez et comment vous l'utilisez. C'est un autre aspect non-technique. Nous vous donnerons les lignes directrices de l'optimisation de vos études plus loin dans ce livre.

Email: contact@2doubleccies.com

Scénario 3:

Vous pourriez acheter des livres pour vous préparer au laboratoire avec 20, 30 ou 40 laboratoires parmi lesquels vous pouvez choisir. Vous préparez le laboratoire en utilisant des simulateurs, DYNAMIPS ou GNS3 par exemple, pour vous entrainer. Vous vous rendez compte assez vite que malgré le fait que vous connaissez les réponses, vous ne comprenez toujours pas pourquoi une tâche particulière a été complétée d'une manière spécifique. Au fur et à mesure que vous complétez ces exercices, vous réalisez que vos connaissances manquent des informations et vous devez recommencez en lisant les technologies. Cela pourrait résulter en votre retard ou votre abandon.

Le problème dans ce scénario est que le candidat ne connait pas tout parfaitement. En se jetant sur le travail pratique avant une planification et une préparation correctes, les laboratoires sembleront intimidants. Ce livre s'attaque aux processus graduels étape par étape à suivre pour réussir et comprendre le laboratoire.

Scénario 4:

Vous êtes un grand ingénieur et vous êtes au sommet de votre forme. Par conséquent, vous êtes toujours occupé et avez de nombreuses responsabilités. Cela vous laisse très peu de temps pour étudier. Vous n'avez que deux ou trois semaines maximum à consacrer à l'examen alors vous décidez de participer à un séminaire intensif fourni par un formateur réputé et vous planifiez votre examen deux semaines plus tard. Après avoir complété le séminaire, vous vous rendez compte que vous avez besoin d'étudier beaucoup plus, et c'est un luxe que vous ne pouvez prendre.

Dans ce scénario, programmer et planifier des plages d'étude alors que vous avez un travail à temps plein pourrait être un barrage, et nous vous expliquerons comment le contourner et partagerons nos propres expériences.

Nous vous donnerons beaucoup plus de scénarios ; ils seront adressés dans ce livre de la même manière que d'autres pièges.

Ce guide vous donne les stratégies que nous avons utilisées avec succès pour nos deux CCIE, ainsi que des exemples concrets. Nous vous expliquerons :

- Les trois clés essentielles pour faciliter votre succès.
- Comment utiliser de manière effective votre matériel pédagogique.
- Le processus à quatre étapes qui aideront lors de votre utilisation de la vidéo sur demande.

- La préparation nécessaire pour débuter votre laboratoire pratique.
- Comment accélérer l'apprentissage en utilisant un partenaire.
- Les choses à faire et à ne pas faire lors de votre préparation au laboratoire de CCIE.
- Cinq exemples de calendrier pour préparer votre CCIE.
- Comment vous pouvez faire tout cela et travailler à plein temps.

Ce livre est facile à suivre. Nous avons écrit les conseils que nous avons donnés à d'autres à propos de notre expérience de la CCIE. Ce livre contient des chapitres concis qui ne réduiront pas votre temps d'étude.

Tous les chapitres de ce livre sont des suggestions basées sur notre réussite personnelle. Utilisez ces suggestions pour répondre à vos besoins spécifiques. Souvenez-vous que ce sont des suggestions, et pas des règles, pour vous aider à réussir votre laboratoire de CCIE.

Si vous avez une tâche en dehors de votre zone de confort, vous devez la partager en plusieurs petites portions. Vous pourrez quelques fois vous sentir submergé mais vous devez rester sous contrôle et rationaliser le but derrière cette entreprise. Cela me [Dean] rappelle l'histoire que mon beau-père italien m'a racontée lors de nos longues marches occasionnelles. Il vivait dans la région montagneuse de Roccamorice en Italie et il devait grimper sur cette montagne pour ses tâches quotidiennes. Ses petites jambes souffraient et il s'est plaint à sa grand-mère et lui a demandé de le porter en haut de la montagne. Sa grand-mère l'a encouragé à ne pas calculer la distance qu'il lui restait à grimper et de grimper sans réfléchir. Avancez tête baissée, regardez où vous allez et sans vous en rendre compte, vous serez déjà au sommet. Une fois que vous suivez nos lignes directrices et que vous décidez quelle voie choisir, votre seul travail est de rester persistant et de poursuivre un plan de manière agressive, sans contempler la distance que vous avez déjà parcourue ou celle qu'il vous reste à parcourir.

Nous sommes conscients que la CCIE est en général un projet de douze mois qu'il faut diviser en activités et buts quotidiens. La question à vous poser par conséquent est : « Que puis-je faire dans les quinze prochaines minutes pour aider à mon but quotidien ? ». Cette question change la manière dont vous voyez les choses, à savoir abattre la CCIE en intervalles de quinze minutes. Le but est d'obtenir la CCIE mais vous devez réaliser que quinze minutes sont importantes et peuvent vous rapprocher de votre but.

Ce guide vous donnera un regard interne de la préparation au laboratoire de CCIE. Nous vous guiderons étape par étape et fournirons les réponses aux questions que vous vous poserez pendant le trajet vers cette certification exigeante. Certaines idées de ce livre pourraient paraître extrêmement simples mais elles feront une énorme différence si vous les mettez en œuvre plutôt que de simplement tenter l'examen. Il est important, par exemple, de passer cinq à dix minutes à résumer ce que vous avez fait pendant votre journée avant d'aller vous coucher et de planifier pour le lendemain. Ce simple geste vous préparera pour le lendemain et vous aidera à débuter la journée du bon pied.

Nous sommes là pour vous donner une image simple et sans ineptie de ce qu'il faut pour obtenir sa CCIE. Ces stratégies ont marché pour nous deux fois, et nous sommes persuadés qu'elles vous aideront pendant vos efforts également.

Visitez notre site internet **2doubleccies.com** pour des informations supplémentaires.

CHAPITRE 1 : SOUHAITEZ-VOUS VRAIMENT OBTENIR VOTRE CCIE ?

Vous êtes en train de lire ce livre donc vous pensez sans doute tenter l'examen du laboratoire CCIE. Le but de ce livre est de vous informer sur à quoi vous attendre dans les termes les plus simples.

Pas d'enrobage. Pas d'exagération. Simplement une conversation simple entre deux ingénieurs.

Quand vous parlez à d'autres ingénieurs de la CCIE – que ce soit ceux qui l'ont déjà obtenue, ceux qui ont échoué, et ceux qui pensent la tenter – vous entendez systématiquement les commentaires suivant :

1. C'est beaucoup de travail.
2. La CCIE ne vaut pas le temps et l'argent investis pour l'obtenir. (Incorrect)
3. Quand on étudie pour l'examen CCIE, 24 heures par jour ne semblent pas suffire.
4. Vous devez vous concentrer sur la CCIE et rien d'autre.
5. Vous devez être riche pour passer l'examen de la CCIE parce que c'est extrêmement cher.

6. L'examen CCIE est très dur et fait de sorte afin que vous échouiez.

7. Seul un faible pourcentage de candidats réussit l'examen du laboratoire de CCIE.

8. J'ai échoué l'examen à cause d'une « erreur » dans le IOS.

9. J'ai échoué l'examen parce que le matériel était défectueux.

10. J'ai échoué l'examen parce que l'évaluation était erronée.

Tous ces commentaires sont-ils corrects ? Bien sûr que non ; certains commentaires ci-dessus sont émis par des individus qui justifient pourquoi ils ne possèdent pas la certification. Obtenir un numéro CCIE est un achèvement formidable qui demande des heures d'étude et des sacrifices sur une longue période de temps (en général huit à douze mois). Malgré cela, souhaitez-vous toujours tenter votre CCIE ? Si votre réponse est « oui », pourquoi ? Posez-vous cette question puis listez les cinq principales raisons qui vous motivent dans l'espace dédié ci-dessous. Si vous pensez à des raisons supplémentaires, listez-les également. Prenez un bout de papier si besoin. Cette liste vous permettra d'isoler vos raisons et de les solidifier dans votre esprit. Mieux encore, cela vous donnera un point de repère dans l'avenir, surtout si vous décidez sérieusement d'obtenir votre numéro CCIE. Parce qu'il y aura des moments de découragement, de perte de concentration, ou d'interrogations sur la raison pour laquelle vous travaillez aussi dur. Dans ces moments, vous pouvez revoir votre liste et **vous rappeler d**es bénéfices.

Vos cinq principales raisons pour obtenir la CCIE

1. _____
2. _____
3. _____
4. _____
5. _____

Ceux qui ont obtenu la CCIE admettent que l'examen demande beaucoup de travail et un sérieux engagement, mais ils savent également que les résultats en valent la peine. Quand vous leur parlez, ils pourraient décrire les difficultés qu'ils ont rencontrées, mais ils expliquent également comment ils les ont contournées. Ils sont fiers de leur accomplissement, et si vous deviez leur demander « quelles sont les qualités qu'un candidat doit posséder pour réussir ? », ils répondront presque unanimement une attitude positive et un engagement sans relâche.

CHAPITRE 2 : UN CONTE A PROPOS DE DEUX INGENIEURS

Avant de creuser plus profondément dans ce livre, je ^(Vivek) voudrais vous raconter une histoire vraie à propos de deux ingénieurs. Afin de protéger leur identité, j'ai changé quelques références personnelles et légèrement modifié les événements.

Charlie (Ingénieur 1) est un jeune homme dans sa trentaine qui travaille dans le groupe d'assistance d'ordinateur de bureau. Je l'ai rencontré parce que j'avais cassé le clavier de mon ordinateur portable et il est venu à mon bureau pour le remplacer. Tandis qu'il était en train de travailler, il m'a demandé le rôle que je tenais dans la société. Je lui ai répondu que je travaillais avec les technologies LAN et WAN, les routeurs et les commutateurs. Je pensais que ce serait une conversation courte de cinq minutes mais il était très intéressé et nous avons discuté pendant plus d'une demi-heure. Il m'écoutait attentivement pendant qu'il démantelait mon ordinateur portable et remplaçait le clavier cassé. Il était intelligent, curieux et inquisiteur. Je l'ai orienté vers la CCNA et j'ai même retrouvé un vieux livre sur le sujet que je lui ai donné.

Il est rentré chez lui, a lu le livre, et est revenu avec plus de questions. Je lui ai répondu du mieux que j'ai pu, mais sa soif pour la connaissance était intarissable. Il est parti acheter d'autres livres et inonda les autres ingénieurs de mon groupe de questions. Il a obtenu sa certification CCNA en à peu près quatre mois – une vraie CCNA, pas celle que n'importe qui pourrait obtenir.

Tandis qu'il progressait vers sa CCNP, il était plus intéressé par les problèmes et défis auxquels nous avons dû faire face dans nos laboratoires de CCIE. Nous l'avons laissé errer dans notre laboratoire le soir, et à notre grande surprise, il passait souvent la nuit entière à travailler sur un problème auquel il faisait face. J'ai quitté la société mais j'ai rencontré Charlie à peu près deux ans plus tard. Etait-il certifié CCIE ? Je vous laisse deviner.

Andy (Ingénieur 2) était également un jeune homme dans la trentaine et ingénieur expérimenté. Il nous a tous impressionnés lors de son entretien d'embauche et a rejoint notre équipe. Il avait une bonne attitude quant à l'apprentissage et possédait de grandes connaissances. Il n'avait pas peur de poser des questions. Quand il a rejoint l'équipe, il étudiait sa CCNP mais il était un parfait candidat pour la CCIE. Il a passé sa CCNP en quelques mois et notre chef était tellement impressionné par sa performance et son dévouement qu'il lui a demandé d'essayer la CCIE. Il a commencé à étudier immédiatement. Deux semaines avant la date de son examen CCIE écrit, on lui a donné des congés payés pour se préparer. Il a travaillé dur et a facilement réussi.

Satisfait par son succès, nous l'avons encouragé à participer au séminaire de laboratoire de CCIE, ce qu'il a fait. Quand il a fini, il s'est dirigé droit vers le laboratoire pour s'exercer. Il se débrouillait tellement bien qu'il a décidé de passé l'examen le mois d'après. Il a travaillé très dur, pratiquant tous les jours après le travail et même le week-end. Alors que la date d'examen approchait, il a réclamé deux semaines de congé pour se préparer. Il a échoué et s'est découragé. Il m'a confié que l'examen lui a ouvert les yeux et lui a fait comprendre qu'il devait travailler beaucoup plus dur et qu'il avait encore beaucoup à apprendre. Nous lui avons assuré qu'un échec au premier essai n'est pas du tout inhabituel et que, en réalité, cela peut prendre deux à trois essais. Nous l'avons encouragé à continuer d'étudier, lui avons même offert conseils et assistance si besoin, mais l'échec lui a fait complètement perdre confiance en lui. Il a continué d'étudier mais de plus en plus d'autres obligations – familiales, financières et professionnelles – ont commencé à prendre le dessus sur son temps et même ses priorités.

En lisant ces deux exemples, quel ingénieur selon vous est devenu CCIE ? (Indice : Charlie n'a pas besoin de lire ce livre à moins que je lui demande).

Comme vous l'avez sans doute deviné, Charlie a réussi l'examen tandis que Andy, un an et demi plus tard, a échoué. Andy lira sans doute ce livre car cela l'aidera à surmonter les obstacles pour obtenir sa CCIE.

Charlie a obtenu sa CCIE au bout de trois ans, un record remarquable, et un coup dur pour mon égo parce que j'avais plus d'expérience et cela m'a pris beaucoup plus longtemps. Après avoir appris son succès, j'ai demandé de ses nouvelles à mes anciens collègues. J'ai appris que c'était une histoire étonnante de dévouement, de persévérance et de progrès continu. Son histoire venait tout droit d'un livre ou d'un film. Charlie a passé beaucoup de temps à étudier et a appris plus en trois ans que moi en sept ou huit ans. L'un des facteurs les plus importants de son succès, en dehors d'un dévouement dévorant, était son environnement. Il avait un accès libre à l'équipement du laboratoire et des ingénieurs CCIE étaient ravis de l'aider et de répondre à ses questions dès qu'il avait besoin.

Andy quant à lui avait accès aux ingénieurs et à l'équipement mais il a laissé d'autres facteurs lui barrer le chemin. Certains de ces facteurs étaient externes – obligations familiales, amis et travail – mais certains étaient internes. Echouer au premier examen l'a sérieusement démoralisé. Son but a peut-être commencé à sembler inaccessible. Il a continué à étudier mais plus aussi souvent. Quelque chose semblait toujours surgir. D'autre part, il a subi un autre revers majeur – le projet de l'examen du laboratoire a changé. Il a dû acheter un autre kit de formation et apprendre toute une série de nouveaux sujets. Résultat : il n'a toujours pas obtenu sa CCIE !

Les deux ingénieurs étaient intelligents et avaient décidé d'obtenir la CCIE. Andy avait même l'avantage d'avoir participé à un séminaire et avoir des congés payés de son employeur pour étudier. Mais Charlie avait **la persévérance et un dévouement sans relâche**. Il n'a rien laissé lui barrer le passage, pas même l'échec.

Vous pensez sans doute que Andy pourrait se reconnaitre quand il lira sa description. C'est malheureusement très loin de la réalité. Les histoires comme celles-ci sont bien trop communes. Nous avons témoigné de plusieurs variations de cette histoire de nombreuses fois au cours des années. C'est pour cela que nous avons décidé d'écrire ce livre. Nous avons voulu vous éviter quelques uns de ces obstacles traditionnels pour vous aider à réussir votre CCIE. Ce livre est l'accumulation de nombreuses années d'expérience, la nôtre et celle de nos collègues – des hommes et des femmes ayant des compétences variantes, des habitudes d'apprentissage différentes, et venant de plusieurs pays – et nous espérons que vous apprendrez autant de ce livre que de tout guide technique que vous aurez acheté.

CHAPITRE 3 : POURQUOI CE LIVRE

Quand nous avons commencé notre quête pour le très convoité numéro de CCIE, nous avons entendu beaucoup d'affirmations du « Chapitre 1 : Souhaitez-vous vraiment obtenir votre CCIE ? » Certaines provenaient d'ingénieurs qui avaient réussi leur CCIE, mais beaucoup provenaient de ceux qui avaient échoué au test ou qui n'avaient même pas essayé de le passer.

A l'époque, nous travaillions pour Cisco et avions accès à beaucoup de titulaires de la CCIE, tant au niveau de nos équipes locales ou à distance. Nous avions aussi l'opportunité de travailler sur des projets, conceptions architecturales, et problèmes techniques avec des titulaires de la CCIE. Nous avons même interviewé des CCIE qui avaient passé l'examen dans son format original en deux jours. Ils étaient très fiers de leur numéro de CCIE à quatre chiffres. Certains ingénieurs que nous avons rencontrés avaient trois, quatre et voire quelques fois cinq certificats CCIE différentes et certains avaient publié leur propre livre.

Etre entouré par ces nombreux individus accomplis nous a inspirés et motivés. Nous voulions faire partie de cette élite d'hommes et de femmes des cinq continents. Nous les avons bombardés de questions en essayant d'apprendre leurs stratégies de succès. Ce livre représente ces expériences et informations cumulées.

Il a fallu à Dean et à moi-même [Vivek] environ onze mois pour obtenir notre premier CCIE, et sept mois pour obtenir notre deuxième. Nous étions en compétition pour savoir qui atteindrait le but le premier. J'ai eu ma première CCIE avant Dean mais il a obtenu la seconde avant moi. Nous sommes tous les deux très compétitifs et cette stimulation nous a bien aidée.

Le problème est que les ingénieurs CCIE sont des individus extrêmement intelligents et concentrés qui ont tendance à mettre l'accent uniquement sur les aspects techniques de la certification. Dans notre expérience, nous avons remarqué que l'aspect non-technique du laboratoire CCIE est aussi important que l'aspect technique. A chaque fois que l'on nous demande à propos de notre expérience CCIE, nous parlons des aspects techniques et non-techniques et de manière invariable, les aspects non-techniques ont plus de valeur. Tandis que nous étudions pour nos propres CCIE et que nous parlions avec, guidions et inspirions de nombreux autres candidats dans la quête de leur certification, nous avons réalisé qu'il y avait très peu, s'il y en avait, de ressources pour cette information. **Ceci est le seul livre qui remplit ce vide non-technique.**

En revanche, nous réalisons également que chaque individu a une approche différente de l'apprentissage. Nous écrivons simplement à propos de ce qui a marché pour nous et ce qui a marqué la plupart de nos camarades ingénieurs. Nous vous encourageons à adapter ce texte au mieux à vos besoins et style d'apprentissage. **Considérez ceci comme un guide plus qu'un ensemble de règles à suivre.**

Par exemple, selon notre expérience et nos interviews avec un grand nombre d'ingénieurs certifiés, nous estimons qu'après le travail de fond, vous serez capables d'obtenir votre CCIE en moins d'un an (voir Chapitre 37 : Suggestion de calendriers pour la préparation de la CCIE). Ce calendrier est une estimation très large. Nous avons vu des ingénieurs réussir leur épreuve de laboratoire en moins de trois moi et d'autre en dix-huit à vingt-quatre mois. Nous savons également, pendant que nous écrivons ce livre, que le format de huit heures de laboratoire est très différent pour les Routage & Commutation, la Voie ou la Sécurité. Néanmoins, les stratégies de ce livre sont quand même applicables et vous pouvez facilement les ajuster selon vos besoins.

CHAPITRE 4: LA CCIE EST DIFFICILE MAIS PAS IMPOSSIBLE

A quel point est-ce difficile ?

C'est la question que l'on me[Vivek] pose le plus souvent. Ma réponse est toujours la même : c'est difficile, définitivement exigeant, mais certainement pas impossible.

Je suis dans l'industrie de l'interconnexion des réseaux depuis l'époque de ARCNET, avant même Ethernet – en bref, depuis très longtemps. J'ai rencontré de nombreux brillants ingénieurs qui ont obtenu leur CCIE. J'ai également rencontré beaucoup d'autres ingénieurs, tout aussi brillants, qui n'ont pas réussi, malgré leur intelligence, expérience et talent évidents. De part mon interaction avec la plupart d'entre eux, je savais qu'ils maîtrisaient leur technologie et qu'ils avaient une grande expérience. Je n'arrivais pas à comprendre ceux qui avait échoué à l'examen. Cette indication m'a permis de constater que l'examen n'est pas juste à propos des technologies impliquées, il devait y avoir quelque chose de plus.

Je pensais que, éventuellement, ceux qui avaient échoué en savaient trop et interprétaient les questions d'une manière complètement différente que le test demandait. Je peux affirmer que, de mon expérience personnelle, la manière dont nous réfléchissons, planifions et exécutons nos stratégies sous pression a une influence directe sur nos résultats. Mais il faut quelque fois réfléchir autrement pour résoudre une tâche donnée.

Le problème est que **beaucoup d'ingénieurs restreignent leur état d'esprit à des solutions réelles.** Ils ne penseraient jamais, par exemple, d'essayer un encodage différent sur une liaison série ou en redistribuant le BGP vers leur IGP, parce que ceci ne se produit jamais sur des vrais réseaux. Ceci n'est pas un vrai réseau de production, c'est un laboratoire. **Il faut mettre de côté les meilleures pratiques.** Vous n'avez pas à vous préoccuper de l'évolutivité du réseau ou du test de résistance avec le trafic. Souvenez-vous, pas besoin que cela marche dans la réalité, il faut juste que cela fonctionne dans le laboratoire, rien d'autre.

Tous les CCIEs que nous avons rencontrés sont de bons ingénieurs comme vous et moi. Ils font également des erreurs et en tirent les leçons. Ce qui fait leur différence est qu'ils ont relevé le défi, travaillé dur et ont maintenu une concentration intense jusqu'à ce qu'ils aient atteint leur but. Le numéro de CCIE leur appartient maintenant pour la vie. **Personne ne peut le leur retirer.**

Ce que nous avons fait *(par Vivek)*

Nous avons compris assez vite qu'il n'existe pas de raccourci pour obtenir son numéro de CCIE. En effet, tous les titulaires à qui nous avons parlé nous ont dit qu'il faudrait que l'on travaille très dur. Du coup, à chaque fois que nous subissions un revers ou un échec (et il y en a eu beaucoup), nous savions qu'ils faisaient partie du processus et nous redoublions d'efforts.

Je me souviens qu'une fois, Dean travaillait sur l'un des exercices de huit heures et s'est retrouvé coincé au bout de cinq heures et demie. Il a passé environ une heure à essayer de résoudre le problème mais n'a tout simplement pas réussi. Il était rempli de frustration et m'a appelé, comme d'habitue. J'ai écouté son histoire puis l'ai traité de –censuré – agaçant, ce qui l'a énervé. Il s'est tût. Je me suis dit « Zut, je l'ai poussé trop loin ». Je lui ai donc dit de ne pas abandonner et que j'allais l'aider.

Il m'a fermement informé de manière indignée qu'il n'abandonnerait *pas* puis il m'a raccroché au nez.

Il m'a rappelé à quatre heures du matin, affirmant qu'il avait compléter ses travaux pratiques en laboratoire et en me demandant de ne plus jamais le traiter de ce nom à nouveau.

Je lui ai demandé quel problème l'avait bloqué et il a répondu qu'il ne savait pas. Déconcerté, je lui ai rétorqué : « Si tu ne savais pas quel était le problème, comment as-tu pu le résoudre ? »

Dean a ri et a répondu qu'il avait tout recommencé à zéro, et que tout s'est bien déroulé la deuxième fois. Il s'est apparemment reposé pendant deux heures puis a travaillé toute la nuit dans le laboratoire. Si je ne l'avais pas traité de cet adjectif censuré, il aurait abandonné.

J'imagine que l'on peut admettre qu'il n'a pas résolu le problème principal mais il n'a pas eu besoin. Il a réussi à surpasser son idée d'abandonner et s'est prouvé qu'il pouvait réussir. Ces dix-huit heures ont fait une grande différence. Elles lui ont donné une poussée de confiance dont il avait besoin pour continuer à travailler pour sa CCIE.

Pour information, Dean a pris l'habitude de sauvegarder toutes ses configurations de laboratoire qui ont échoué et a plus tard réussi à isoler le problème spécifique qui l'avait bloqué pendant l'exercice.

Avec la CCIE, c'est tout ou rien. Ou vous vous lancez entièrement et réussissez, ou vous n'êtes pas engagé à cent pour cent et vous échouez.

CHAPITRE 5 : INVESTIR DANS LA CERTIFICATION CCIE

Payez les pipeaux mais n'hypothéquez pas la maison

Il existe un dicton qui dit qu'il faut investir gros pour récolter des fruits gigantesques. La CCIE peut vous paraitre onéreux mais si vous le comparez à l'obtention d'une License dans une école américaine, le retour sur investissement du CCIE est substantiellement plus élevé.

Pensez-y. En fonction de l'université ou de l'école que vous choisissez, vous pouvez dépenser entre $20,000 et $60,000 et quatre ans de votre vie pour obtenir une License. Le CCIE peut vous coûter entre $5,000 et $10,000 et seulement un an de votre vie, selon le nombre de fois que vous passez l'examen et le nombre de distractions que vous pouvez éviter.

Notez bien en revanche que nous ne prônons pas l'obtention d'une License plutôt qu'une certification. Au contraire, de nos jours, une License est essentielle. Nous comparons simplement les coûts et la valeur ajoutée relative. Posséder une License *et* une CCIE est une combinaison idéale et très demandée.

La CCIE, en revanche, offre de nombreux avantages importants, et ne sont pas tous de valeur financière. Elle vous permettra d'obtenir un salaire plus élevé et bien évidemment d'obtenir une promotion, mais elle vous apportera également la reconnaissance de vos pairs.

Les gens nous demandent souvent si la CCIE valait l'investissement, et nous répondons systématiquement « oui » sans hésitation.

Aujourd'hui, même si la CCIE est beaucoup moins chère qu'une License, il *existe* des coûts non-négligeables et il est très important de planifier vos finances et de créer un budget.

Voici une liste des dépenses qu'il faut que vous gardiez à l'esprit afin de décider si vous aller poursuivre votre démarche vers la CCIE ou pas :

1. Le matériel pédagogique pour le laboratoire CCIE, comme la vidéo à la carte et/ou l'audio à la carte.
2. Cours donnés par des instructeurs ou séminaires.
3. Les frais d'examen du laboratoire de la CCIE.
4. Frais d'avion et d'hôtel pour passer l'épreuve du laboratoire.
5. Les livres de référence liés à la CCIE.
6. Le matériel informatique et les logiciels pour la simulation en laboratoire.

7. Location de râtelier et coût de l'équipement.

Cette liste n'est pas du tout exhaustive. Considérez-la comme un guide de toutes les dépenses auxquelles vous pouvez vous attendre. N'hésitez pas à ajouter ou enlever des points selon votre situation et vos attentes. La bonne nouvelle est que la CCIE est une certification que beaucoup d'entreprises sont prêtes à payer, au moins en partie.

Quand vous planifiez financièrement votre laboratoire CCIE, **prévoyez au moins deux à trois tentatives.** Je ne dis pas cela pour vous décourager mais parce que l'échec, lors de la première ou seconde tentative, est très vraisemblable, et je [Dean] ne veux pas que vous laissiez tomber tout votre travail et vos sacrifices pour une question d'argent.

Vous devez aussi faire de votre mission **la recherche de la politique de votre entreprise concernant la formation continue de ses employés et les programmes de certification d'élite.** Beaucoup d'entreprises (Cisco, ses partenaires particulièrement et les fournisseurs de service) offrent une assistance financière pour les tentatives du laboratoire CCIE. Dans certains cas, elles pourraient même couvrir toutes les dépenses. Dans d'autres, elles en couvrent une partie. C'est à vous de trouver si et ce que votre entreprise offre. Vous pourriez avoir besoin d'expliquer à votre employeur pourquoi il devrait investir dans votre projet. Dans ce cas, insistez sur les bénéfices qu'il aura avec un ingénieur certifié dans son équipe. Veillez à ce que votre manager défende vos intérêts auprès de ses supérieurs.

Explorez toutes les avenues possibles. Souvent, il existe de nombreuses ressources et politiques cachées dont vous ne soupçonniez même pas l'existence. **Consultez le budget de formation continue** pour savoir si la certification fait partie d'une catégorie ou sous-catégorie. Parlez à votre manager et à votre directeur de ressources humaines et découvrez ce qui est disponible. Souvenez-vous, qui ne demande rien n'a rien. Faites savoir vos intentions.

Beaucoup de gros fournisseurs de services, et tous les partenaires Gold et Silver de Cisco, sont obligés d'avoir des CCIEs dans leur équipe. Ceci signifie que la demande pour les CCIEs est grande, et il y a de grandes chances que votre employeur parraine vos efforts.

Un bon ami m'a dit, il y a des années, qu'il fallait voir la certification comme un commerce et la traiter de la sorte. Si votre approche est bonne, vous pourriez couvrir toutes les dépenses encourues mais également des jours de congés pour étudier, les frais de voyage et peut-être même une récompense de votre entreprise et une lettre de recommandation pour vous et votre chef de département.

Enfin, j'aimerais insister sur le fait qu'il ne faut absolument pas hypothéquer votre maison pour payer votre CCIE. Cela semble évident mais nous connaissons un ingénieur qui a fait cela. La CCIE est un très bon investissement, mais comme tout investissement, elle a des pours et des contres. Ne faites pas ce genre de choses avant d'avoir épuisé toutes les options et si vous êtes sûr que le résultat en vaut la peine. Nous vous avons donné un grand nombre d'options dans ce chapitre, et il existe des centaines de possibilités à considérer sérieusement avant d'hypothéquer votre maison. Ne prenez pas de décision définitive avant d'avoir exploré toutes les options.

Ce que nous avons fait (par Vivek)

Pour information, Dean et moi-même travaillions chez Cisco quand nous avons obtenu nos CCIEs, et Cisco offrait une récompense pour ceux qui se lançaient dans la certification. Malgré cela, nous avons tous deux mis de côté 7 à 10% de nos salaires pour la formation continue. Avant de commencer notre projet, nous

Email: contact@2doubleccies.com

avons estimé nos coûts et étions engagés à nous lancer, même si cela voulait dire que nous devions faire plusieurs tentatives.

CHAPITRE 6: QUE SE PASSE-T-IL QUAND ON OBTIENT SA CCIE?

A quoi dois-je m'attendre?

Obtenir votre CCIE signifie une crédibilité immédiate. D'un seul coup, vous devenez expert dans votre groupe. Vous avez tellement appris en étudiant pour la CCIE qu'il est souvent difficile de trouver autour de vous des ingénieurs avec autant de connaissances. Votre compréhension des différentes technologies vous donne un très grand arsenal d'outils qui vous permet de concevoir des réseaux et de résoudre des problème de manière plus rapide et fiable. Les gens n'hésiteront plus à vous présenter leurs problèmes de réseaux ou à demander vos conseils. Ils vous donneront un accès absolu à leurs réseaux les plus sécurisés.

En bref, vous passerez instantanément de docteur qualifié à neurochirurgien. Quand vous parlerez, les autres écouteront.

Avec votre nouveau statut durement gagné, vous réaliserez que vous avez beaucoup plus confiance en vous quand vous suggérerez des changements à des architectures de réseaux actuelles ou futures. Vous serez dorénavant appelé à participer à ces réunions de conception, et serez requis de jouer un rôle charnière. Vous verrez également un pic dans votre productivité.

Si vous êtes dans la prévente ou la vente, vous remarquerez que votre opinion a plus de poids. Vous vendrez plus, et vous serez surchargé de travail car de plus en plus de clients demanderont votre avis.

Tout cela veut dire que votre **satisfaction professionnelle sera beaucoup plus grande**, ainsi que votre confiance en vous.

Beaucoup d'entreprises comme Cisco et ses partenaires offrent des récompenses attractives à ceux qui réussissent leur certification, ce qui signifie plus d'argent. Les titulaires d'une CCIE aux Etats-Unis peuvent facilement gagner entre $100,000 et $140,000 par an, selon leur expérience, lieu de résidence et bien sûr, entreprises pour laquelle ils travaillent.

Vos cartes de visite comprendront le logo CCIE ainsi que votre numéro de CCIE et vous pourrez vous attendre à ce que vos collègues vous invitent à déjeuner ou diner pour solliciter votre opinion professionnelle. Les ingénieurs en prévente, les gestionnaires de compte et même les directeurs des ventes pourraient vous demander conseil également. Votre nom apparaitra sur des présentations que la force des ventes utilise pour vendre ses services aux partenaires.

En bref, si vous travaillez **pour un partenaire de Cisco, carte maîtresse.** Vous serez reconnu dans votre entreprise et toutes les tâches que vous accomplirez ensuite ne feront qu'ajouter à votre réputation.

Enfin, vous n'aurez plus à vous inquiéter pour la sécurité de votre emploi. Durant les crises économiques, quand les entreprises commencent à effectuer des plans sociaux, les CCIEs sont en général les derniers à être licenciés. C'est parce que les **entreprises essaient de garder leur personnel technique le plus talentueux.** Si par malchance vous venez à être licencié, vous serez très vraisemblablement réembauché immédiatement par un concurrent. Les plus récentes crises ont démontré ce scénario. Tandis que les Etats-Unis et le reste du monde sont entrés dans la plus grosse période de crise depuis la Grande Dépression, avec des taux de chômage records, il existait encore une très forte demande pour des CCIEs qualifiés.

Email: contact@2doubleccies.com

Ce que nous avons fait (par Dean)

Dès que Vivek et moi-même [Dean] avons annoncé notre obtention de la CCIE, nous avons commencé à recevoir des emails de félicitations de la part de nos collègues. Et tandis que la nouvelle se répandait, nous les recevions de vieux amis, ingénieurs, managers et clients. Notre société nous a offert un trophée et d'autres cadeaux comme le blouson CCIE.

Nous avons reçu des offres d'emploi à la fois de notre entreprise et des concurrents. Avec un nouveau sentiment de confiance, nous nous sommes dévoués à notre travail et toutes les portes s'ouvraient, ce qui nous a permis d'évoluer dans nos carrières plus vite que jamais.

Après avoir pris des congés avec nos familles, Vivek a continué sa carrière chez les Services Avancés de Cisco en tant que leader automobile pour un important client, tandis que j'ai accepté l'opportunité de voyager autour du monde en tant que Spécialiste de formation pour les Services Avancés de Cisco où j'ai travaillé avec beaucoup d'organisations différentes et pour des fournisseurs de services majeurs.

CHAPITRE 7 : LE CERCLE DE CONFIANCE

Emmenez tout le monde dans votre cercle de proches

Avant de franchir le pas et de poursuivre votre CCIE, vous devez vous assurer que tout le monde autour de vous soutient votre décision, surtout votre conjoint(e), vos enfants, vos amis proches et votre famille. La CCIE requiert un engagement total et sans la coopération de tout le monde, elle sera impossible à atteindre. Si vous n'avez pas leur soutien total, vous devriez probablement reporter votre projet de certification jusqu'à ce que les circonstances soient plus favorables.

Dans ce contexte, **vous devez considérer la certification comme un but commun, et non pas individuel.**

Réfléchissez à ceci : le jour où l'un de nos amis a obtenu son troisième CCIE, il a également reçu les papiers de son divorce.

Il s'agit d'un exemple extrême mais malheureusement très réel. Si vous avez un emploi à plein temps et devez travailler quatre heures par soir les jours de semaines puis dix à douze heures le week-end, votre conjoint(e) devra être à 100% à vos côtés et vous soutenir à 100%.

Tout votre entourage devra faire tout autant de sacrifices que vous. Ensemble, vous devrez peser le pour et le contre avant de prendre une décision finale. Souvenez-vous, ce n'est pas juste le temps que vous ne pourrez dévouer à votre famille. C'est physiquement et mentalement épuisant, et c'est très dur financièrement.

Il y aura des moments où vous devrez compter sur votre famille pour le soutien émotionnel, quand vous vous sentirez découragé car vous ne progresserez pas aussi vite que vous le désirez. Elle doit être votre force et vous aider à avancer.

Rien dans ce chapitre n'est fait pour vous dissuader de poursuivre votre CCIE. Nous voulons juste vous prévenir de toutes les embuches que vous rencontrerez dans le processus. Il existe tout autant d'avantages (en dehors des avantages financiers) pour votre famille qu'il existe d'inconvénients. Pensez au modèle positif par exemple que vous représenterez pour vos proches et pour vous-même. Vous apprendrez et gagnerez sans aucun doute un nouveau sens de la persévérance.

Et si vous en faites un but collectif au lieu d'un but personnel, tout le monde sera fier de votre succès.

Ce que nous avons fait *(par Dean)*

Vous devez prendre en compte le fait que c'est votre partenaire qui s'occupera de tout pendant que vous étudiez et même si c'est vous qui passez l'examen, il/elle sera tout aussi stressé(e) que vous.

Quelques mois après avoir débuté l'étude de notre première CCIE, Vivek et moi-même [Dean] avons compris l'importance d'avoir tout le monde à bord. Afin de compenser, nous nous sommes assis avec nos familles et leur avons annoncé nos plans et expliqué à quoi elles pourraient s'attendre. Nous ne voulions absolument pas être loin de chez nous pendant des heures et retrouver un foyer plein de tensions et de disputes. En ayant cette discussion ouverte et honnête avec tous les membres de nos familles, et après avoir expliqué nos plans et attentes, tout le monde a compris qu'ils avaient un grand rôle à jouer dans notre succès.

Les filles de Vivek étaient très jeunes quand il préparait son premier examen et il avait l'impression de manquer des moments majeurs de leur enfance. Sa femme s'en est aperçue et a capturé tous ces moments en photo ou vidéo pour qu'il puisse les partager et apprécier.

Les sacrifices que vous faites pendant cette période paieront quand vous réussirez l'examen et aurez tout le loisir de rattraper le temps perdu. Vous aurez votre certification et vous et votre famille aurez la satisfaction de l'avoir obtenue en équipe.

Une chose que nous avons trouvé intéressante est qu'après avoir passé l'examen, nous avions tellement de temps libre pendant le week-end que nous ne savions quoi en faire.

Nous avons tous deux montré l'exemple à nos enfants qu'il faut travailler dur pendant de longues périodes pour réussir.

CHAPITRE 8 : GERER LES INFLUENCES EXTERIEURES

Comment gérer les obstacles et revers

L'un des défis sans doute les plus durs pour obtenir votre CCIE est de trouver un moyen de gérer les influences extérieures qui cherchent à vous déstabiliser. Vous pourriez avoir une urgence familiale, une charge de travail inhabituelle au bureau, ou des difficultés financières inattendues. Plusieurs embûches peuvent vous parasiter pendant votre voyage vers la convoitée CCIE. Souvenez-vous, il faut étudier pendant un an ou plus, ce qui laisse beaucoup de possibilités pour des imprévus.

Afin de vous assurer de rester sur la bonne voie (ou le plus proche possible quand les circonstances le veulent autrement), **vous devriez suivre un calendrier.** Pour se faire, nous avons créé cinq différents calendriers dans le chapitre 37 pour vous et les avons inclus à la fin de ce livre. Ces calendriers vont non seulement vous donner une bonne estimation de la durée que la certification prend, mais va également vous aider à vous assurer que le temps que vous passez à étudier est utilisé le plus effectivement et efficacement.

Un calendrier est simplement une série d'étapes, ainsi que le temps qu'il faut pour les compléter. Si vous ne vous tenez pas à ces calendriers, les choses peuvent devenir très vite difficiles. Par exemple, la plupart des ingénieurs commencent par lire les livres recommandés et à apprendre les technologies liées aux laboratoires CCIE. Imaginons que vous décidiez de lire trois de ces gros livres pendant les soixante jours qui suivent. Vous calculerez automatiquement qu'il vous faudra vingt jours pour lire un livre. Si vous tergiversez, cette échéance arrivera rapidement et la pression commencera à monter. Si vous ne finissez pas ce premier livre dans les temps, il y a de grande chance que vous ne soyez pas à jour avec le deuxième non plus, et ainsi de suite. Bientôt, vous aurez atteint quarante jours et n'aurez toujours pas fini ce premier livre. La pression est maintenant insupportable. Encore d'autres retards et vous pourriez abandonner.

Vous ne devez pas laisser cette pression monter. Plus vous vous sentez anxieux, moins vous serez capable de continuer. Ajuster simplement votre calendrier pour la phase actuelle, mais gardez votre date d'examen en place. Si vous faites trop d'ajustements en revanche, vous devez réévaluer votre approche. Essayez de comprendre ce qui vous empêche de vous tenir au calendrier. Vous devez peut-être ajuster vos priorités, ou tout simplement arrêter de tergiverser.

Nous avons pris l'exemple d'un étudiant de Dean pour vous montrer combien ces retards peuvent être préjudiciables à votre succès. Cet homme était entraîneur de baseball le printemps et l'été. Il était tellement dévoué à cette activité qu'il ne pensait pas étudier du tout pour la CCIE pendant cette période. Il mettait de côté six mois par an pour les consacrer au baseball. Evidemment, il arrêtait d'étudier et quand il revenait à ses études à l'automne, il avait complètement oublié ce qu'il avait appris six mois plus tôt. C'était comme s'il recommençait à zéro à chaque fois. Comme ses priorités étaient en désaccord avec sa CCIE, il a fini par abandonner son rêve de l'obtenir.

Quelle que soit la durée de votre planification et de votre préparation, un obstacle ou un revers est inévitable. Par conséquent, **il est important que vous donniez la priorité à ce qui importe le plus** et que vous vous donniez un peu d'avance. Veuillez vous référer au chapitre 37 pour le temps que vous pouvez vous accorder dans les cinq calendriers fournis. C'est le temps que vous pouvez donner à d'autres priorités sans modifier votre calendrier (pour une courte période uniquement).

En revanche, **vous ne devez pas compter sur ce temps d'avance** et l'utiliser comme excuse pour vous relâcher ou remettre à plus tard. Ce temps est uniquement destiné aux urgences ou pour les problèmes qui peuvent prendre le dessus sur votre CCIE. Si cela peut attendre ou être délégué, ne prenez pas sur votre temps.

Si vous voulez réellement obtenir l'une des certifications techniques les plus difficiles du monde, **vous devez vous donner à 100%.** Les soirées ciné, les sorties avec les amis ou le football ne sont pas prioritaires. Si elles le sont, vous devez vraiment réfléchir à deux fois avant de débuter votre CCIE. N'oubliez pas que vous pouvez toujours voir vos amis, le score du match ou faire tout ce que vous avez manqué une fois que vous aurez obtenu votre numéro CCIE.

En ce qui me concerne [Dean], quand mes enfants étaient malades ou avez besoin de voir un médecin, ma femme et ma chaîne de soutien s'en occupaient. Je n'étais pas en revanche distant au point de ne pas vérifier s'il y avait rien de sérieux. Au contraire, ma famille savait que j'étais disponible par téléphone.

Votre chaine de commande pourrait affecter votre concentration, surtout si elle vous soutient un peu moins par moments. Communiquez avec vos proches de manière régulière et informez-les de vos progrès dans votre travail et votre CCIE. **Laissez-les defender vos intérêts dans l'organisation.**

L'un de mes anciens étudiants préparait l'examen pratique pour la seconde fois. Il avait étudié très dur et pensait connaître tout le matériel. Il avait par conséquent trop confiance en lui et commençait à célébrer prématurément. Après l'examen, il avait toujours confiance. Bien qu'étant difficile, il croyait avoir réussi. Le lendemain, il apprit qu'il avait échoué. Son chef était tellement surpris qu'il avait échoué qu'il lui a dit qu'après deux tentatives, il ne financerait pas la prochaine. La situation s'est transformée en crise. L'étudiant avait déjà souffert d'un échec émotionnel et il avait maintenant un fardeau supplémentaire.

Cette histoire nous apprend quelques leçons dures. La première est qu'**il ne faut jamais être trop confiant**. N'oubliez pas que vous ne pouvez jamais tout savoir sur toutes les technologies. La seconde est qu'**il faut toujours tenir votre chef au courant** et garder vos attentes très basses. Ce n'est pas parce que vous êtes sur le point de passer l'examen que vous aller le réussir. Vous devriez également faire bien en sorte que votre chef et toute la société comprenne les avantages d'avoir un CCIE parmi les membres de l'équipe. Rappelez-leur les récompenses financières données aux partenaires de Cisco qui possèdent des titulaires d'une CCIE.

Ce que nous avons fait (par Dean)

Pendant que nous étudions pour notre second CCIE, Vivek a reçu un appel de ma femme. Elle était inquiète parce que c'était mon anniversaire et elle a essayé de me joindre sans arrêt mais je ne répondais pas à mon téléphone. J'étais parti tôt le matin pour finir un travail pour pouvoir arriver à notre session d'étude à temps. Dans cette commotion et en essayant de tout jongler, j'ai oublié que c'était mon anniversaire et j'ai laissé mon téléphone dans la voiture accidentellement. Je n'avais pas réalisé jusqu'à ce moment à quel point nous étions absorbés et concentrés pour notre quête du deuxième CCIE.

Dans un autre cas, nous étions au bureau en train de travailler sur un problème particulièrement contrariant, quand une tempête de neige souffla. Elle était tellement intense que toutes les autoroutes majeures étaient fermées en une demi-heure. La circulation était entièrement bloquée. Nous avons vu tout cela se produire sous nos yeux par la fenêtre mais avons continué d'étudier, pensant que la tempête allait se calmer et que les routes seraient déneigées en deux heures. Cela ne s'est pas passé ainsi.

Comme les choses avaient l'air d'empirer, nous avons décidé de ranger nos affaires et de rentrer à la maison. La tempête de neige était tellement mauvaise que même les équipes de déneigeuses n'étaient pas encore arrivées. Et pour empirer les choses, la grêle avait commencé à tomber sur la neige, créant ainsi deux pouces de givres. Il m'a fallu trois heures en rampant prudemment pour rentrer à la maison.

Alors que mon conscient se préoccupait de la conduite, mon subconscient continuait de travailler sur le problème et la solution me vint enfin à l'esprit, sortie de nulle part. Inutile de dire que j'étais enthousiaste et très impatient de rentrer à la maison. Je voulais tester ma solution mais je savais déjà qu'elle allait marcher.

Dès que j'ai claqué la porte, enlevé la neige de mes chaussures, je me suis dirigé tout droit vers le téléphone, appelé Vivek, et révélé ma solution. Nous avions validé la solution en trente minutes.

CHAPITRE 9 : FIXER UNE RECOMPENSE LORS D'UNE REUSSITE

Motos, croisières et vacances (et plus encore)

Puisque vous êtes en train de vous embarquer vers l'une des certifications les plus difficiles de votre vie, vous devriez établir une sorte de récompense pour aider à vous motiver. Voici quelques exemples :

1. Achetez-vous une Harley-Davidson.
2. Construisez une piscine dans votre jardin.
3. Emmenez votre famille en croisière vers Santander, Palma De Majorque (Espagne), Jamaïque, ou Hawaii.
4. Offrez-vous une Rolex.

Vous pourriez vous demander pourquoi. Après tout, la satisfaction de réussir l'examen n'est-elle pas une motivation assez grande ? Figurez-vous que le subconscient répond mieux à des récompenses physiques réelles – des choses qui peuvent être touchées ou ressenties. Et cela ne fera qu'augmenter votre satisfaction. Chaque fois que vous admirez votre nouvelle montre, montez sur votre Harley, ou regardez vos photos de famille en croisière à Santander, vous vous souviendrez de cet incroyable accomplissement.

Quelque soit votre récompense, essayez de vous prendre en photo avec. Sélectionnez une Harley et demandez au vendeur de vous prendre en photo avec. Puis dites-lui que vous serez de retour dans six mois. Idem pour la Rolex. Essayez-la et pesez son poids sur votre poignet. Demandez à quelqu'un de prendre une photo. Evidemment, les photos personnelles ne sont pas souvent possible, comme vous sur un bateau. Dans ce cas, téléchargez une photo sur internet.

Vous devriez entreposer ces photos en évidence sur votre lieu d'apprentissage ou partout où vous pourrez les admirer régulièrement. Placez-les au-dessus de votre ordinateur, sur le réfrigérateur, ou sur le tableau de bord de votre voiture. Emportez-en une dans votre portefeuille. Ceci vous aidera à avoir un but réel, concret.

Ce que vous allez faire est de placer une carotte devant vous. **Travailler pour une vraie récompense tangible est toujours plus efficace que travailler pour une certification intangible.** Et une fois que vous avez choisi votre récompense que vous pouvez voir, sentir, imaginer ou gouter, votre subconscient commencera tout de suite à travailler. De plus, quand vous atteignez enfin votre but et obtenez votre récompense, vous ressentirez un sens d'accomplissement encore plus grand qui vous donnera la confiance d'aller vers votre prochain grand objectif.

Ce que nous avons fait (par Dean)

Vivek portait un bracelet vert Cisco sur son poignet pendant toute la durée de son étude de la CCIE. Il a décidé de l'enlever uniquement quand il obtiendrait son numéro CCIE. Le bracelet commença à symboliser une entrave qui l'empêchait d'avancer dans la vie. La seule façon d'être libre était d'atteindre son but.

Dean a emmené sa famille en voyage prolongé dont un week-end aux Chutes du Niagara ou la famille a réservé une chambre avec vue sur les cascades dans un hôtel donnant sur les chutes et les feux d'artifice le soir. Ce voyage a rapproché la famille, ce qui lui a fait le plus grand bien.

CHAPITRE 10 : LA PREMIERE CLE

Définissez vos buts et notez-les

Dans notre expérience, chaque ingénieur de réseau veut obtenir la CCIE. Malheureusement, seul un petit nombre passera l'examen et réussira la partie écrite de l'examen, et encore moins tenteront la partie pratique. Ils sont bien trop souvent submergés par les facteurs que nous avons cités. Nous ne voulons pas que vous vous sentiez submergés donc voilà ce qu'il faut faire.

Votre but est évidemment d'obtenir votre numéro CCIE mais nous voulons que vous soyez plus spécifique. Nous voulons même que vous choisissiez une date spécifique. Par exemple « Je vais obtenir mon numéro CCIE avant le 19 décembre 2014 ». Plus vous êtes spécifique, mieux c'est.

Dès que vous avez établi une date, nous voulons que vous la notiez. Placez votre but (comme des photos de vous et votre récompense tangible) où il sera visible. Faites-en plusieurs copies si besoin, et placez-le en image de fond sur votre ordinateur.

Vous devriez ensuite partager vos intensions avec toute votre famille et tous vos amis et collègues. Vous rendez ainsi vos buts concrets en effectuant un engagement public, et en vous rendant responsable.

L'efficacité de cette stratégie a été démontrée par une étude effectuée par une université dominicaine.

Vous avez peut-être entendu parlé d'une étude à Harvard (ou Yale) qui a eu lieu à la fin des années 50, dans les années 60 et même 70 et qui a montré que les 3% des étudiants qui avaient noté leurs buts gagnaient vingt ans plus tard dix fois plus que ce qui ne l'avaient pas fait. L'université dominicaine pensait que c'était une légende urbaine et a donc décidé de tester l'hypothèse elle-même. 267 participants ont été choisis et divisés en cinq groupes. Chaque groupe devait adhérer à différents niveaux d'engagement. Le premier groupe devait penser à ses buts. Le deuxième devait penser à ses buts et les noter. Le troisième devait penser à ses buts, les noter puis établir des plans d'action. Le quatrième devait penser à ses buts, les noter, formuler des plans d'actions et partager ses buts avec un ami. Le cinquième groupe devait penser à ses buts, les noter, formuler les plants d'action, partager ses plans avec un ami, puis tenir l'ami au courant de l'évolution vers les buts poursuivis.

A la fin, les groupes qui ont noté leurs buts allaient plus vraisemblablement les atteindre que ce qui les avaient juste pensés, et le cinquième groupe allait sans doute mieux réussir que les autres.

Si vous désirez lire cette étude, vous pouvez trouver le résumé ici : http://www.dominican.edu/dominicannews/study-backs-up-strategies-for-achieving-goals

J'ai ^(Vivek) obtenu la partie écrite du CCIE en 2000 et j'ai immédiatement commencé à me préparer pour le laboratoire. J'ai consulté mes collègues, amis et tous ceux que je pouvais trouver qui avait déjà tenté le laboratoire. Mais ce que je n'ai pas fait est de noter une date pour passer l'examen. A la place, j'ai commencé à acheter les livres et le matériel informatique (car posséder les siens était essentiel à l'époque). Comme j'ai voulu éviter le fardeau financier de tout acheter en même temps, cela m'a pris du temps de les obtenir. Quand j'étais enfin prêt à tout installer, le laboratoire avait changé. Certaines technologies comme ISDN et « Token Ring », avaient été entièrement supprimées du projet du laboratoire. Le cahier d'exercice du laboratoire de la CCIE avait changé.

Tout ceci s'est produit parce que je n'avais pas prévu une date claire pour mon but. A la fin, j'ai dû tout recommencer avec un nouvel équipement et un cahier d'exercice entièrement neuf.

Pour ce qui en vaut, j'ai toujours ces vieux 2500 routeurs dans ma cave.

C'est la nature humaine de remettre à plus tard, d'essayer de trouver la solution la plus facile. Nous avons tendance à repousser les tâches les plus difficiles vers une date indéterminée dans le futur. Pour rendre le problème encore plus difficile, nous vivons dans une ère où tout le monde espère des résultats instantanés. Personne ne veut attendre, surtout pas pendant des mois. Le problème est que la certification CCIE est un engagement à long terme et elle ne devient pas plus facile au fur et à mesure que le temps passe. En réalité, la CCIE deviendra encore plus difficile avec l'apparition de nouvelles technologies. Si vous ne terminez pas maintenant, quand le ferez-vous ?

La meilleure chose à faire est d'essayer de passer l'examen avant que Cisco ne fasse des révisions majeures au test. Votre tuteur de laboratoire devrait être capable de vous informer de tous les changements possibles. Préparez-vous.

Ce que nous avons fait

Quand nous avons commencé notre quête pour la CCIE, nous n'avons pas établi de date spécifique car nous ne savions pas à quel point c'était important. En revanche, nous avons beaucoup appris la première fois (à la dure évidemment). Quand nous étions prêts à débuter la quête de notre seconde CCIE (Fournisseur de Services), nous avons immédiatement choisi une date précise. En établissant une échéance très tôt, nous avons commencé à préparer l'examen l'hiver 2008 et avons réussi à atteindre notre but au printemps 2009.

CHAPITRE 11 : LA SECONDE CLE

Visualisez et comportez-vous comme si vous aviez déjà réussi

Je ⁽Vivek⁾ crois fermement au pouvoir de la visualisation. J'ai visualisé ce livre avant que nous ne commencions à l'écrire. Je savais exactement à quoi il allait ressembler, sa taille, son épaisseur, combien de chapitres il posséderait, et son poids sur ma main. La visualisation est un outil très puissant et efficace. Plus elle est détaillée et ciblée, plus elle deviendra réelle.

Pensez à votre nourriture préférée par exemple, un bol de soupe chaude à la tomate, un filet de poisson juteux, un délicieux muffin ou un gâteau au chocolat. Tandis que vous lisez ceci, fermez les yeux et visualisez ces plats. Commencez-vous à saliver ? Moi c'est mon cas. J'ai un besoin urgent de manger quelque chose de sucré maintenant.

La visualisation stimule les mêmes parties de votre cerveau qui seraient affectées par la vision, l'odeur et le goût de la même chose. Si la visualisation est assez attirante, votre cerveau va de manière inconsciente travailler pour en faire une réalité. Vous verrez bientôt des signes positifs, les choses se mettant en place par magie. Cela s'appelle la synchronicité qui pourrait être définie par « coïncidence significative ».

Vos yeux rassemblent toutes les informations de votre environnement mais le cerveau, organe ultra efficace, ne les traite pas toutes. Il filtre les choses inutiles et ne traite que les choses importantes. Si par exemple vous pensez acheter un modèle de voiture particulier. Puisque l'information mijote quelque part dans votre inconscient, vous verrez soudain ces modèles partout. Evidemment, elles existaient auparavant mais vous venez juste de les remarquer. Vous pourriez aussi trouver des offres alléchantes ou des remises et opportunités incroyables que vous auriez sans doute manquées auparavant.

En visualisant cette voiture, vous avec créé un but clair pour vous-même. Votre cerveau veut atteindre ce but pour satisfaire son désir.

C'est la même chose pour votre CCIE. **Une fois que votre esprit sera intéressé par ce but, il commencera à trouver des moyens de l'atteindre grâce à la visualisation.** Il vous envoie inconsciemment vers des articles dans des magazines, sites internet et personnes bien informées. Vous pourrez également vous retrouver à écouter des conversations comprenant les mots « CCIE », « Laboratoire » ou « Certification Cisco ».

Si cela peut vous aider, vous pouvez penser ce processus comme un réseau. Votre cerveau ouvre un port qui permet à seulement certaines informations d'entrer ; le reste est simplement exclus, de la même manière qu'un pare-feu pourrait n'accepter que le trafic HTTP ou HTTPS.

    a. A un moment ou un autre, nous avons tous laissé passer une promotion parce que nous n'avions pas les bonnes certifications. Au lieu de blâmer votre chef ou d'être jaloux de vos collègues, vous devriez utiliser ceci pour **alimenter le feu de l'intention et vous propulser vers la position que vous désirez.** Si vous désirez être le leader de l'équipe, vous devez apprendre à penser comme lui. Vous pouvez faire cela grâce à la visualisation. Voilà comment : Visualisez-vous comme le chef d'équipe. Comment est-ce qu'on veut que vous agissiez ?

    b. Puisque vous êtes chef, les membres de l'équipe vous demanderont conseil. Quelles questions vous poseront-ils ? Quelles questions avez-vous posées à votre chef ?

Comment y a-t-il répondu ? Comment y répondriez-vous ?

c. Vous serez amené à mener les discussions, nourrir de nouveaux projets, et fournir toutes les informations quiconque a besoin. Pensez à la façon dont votre chef d'équipe actuel fait cela. Le feriez-vous différemment ? Essayez d'imaginer des stratégies que vous aimeriez mettre en œuvre ou expérimenter.

Tandis que vous continuez à utiliser ces techniques de visualisation, vous remarquerez que votre comportement commence à changer. Vous penserez et agirez comme un chef d'équipe, ce qui changera, quelque fois subtilement, comment vos collègue et votre chef vous percevront. Vous aurez une meilleure idée du type de questions ou conseils que les membres de votre équipe pourront vous demander. Armez-vous de cette connaissance.

Disons par exemple qu'il y a des problèmes de qualité d'audio dans votre réseau VoIP. Grâce à la visualisation, vous pourriez réaliser que vous avez besoin d'en savoir plus sur la Qualité du Service (Quality of Service – QoS), les retards, l'instabilité et tout autre problème qui pourrait affecter la qualité de l'appel. Après avoir fait cela, vous pouvez parler avec confiance de vos analyses et répondre aux questions que votre chef et vos collègues pourraient avoir. Faites ceci à quelques reprises et vous serez le centre d'intérêt de votre équipe.

Si vous continuez d'anticiper les besoins de votre équipe, et resté informé sur toutes les nouvelles technologies importantes, vos collègues solliciteront votre conseil pour tous les problèmes auxquels ils font face. Vous serez bientôt le meilleur candidat pour devenir chef d'équipe. On vous confiera des tâches et vos collègues vous aideront à les terminer.

Grâce à la visualisation uniquement, vous ferez ce premier pas en avant et vous passerez du statut de **personne dans la foule à la seule personne dans la foule.** Et si vous ajoutez votre CCIE, une flopée d'opportunités s'ouvriront à vous. Vous aurez la possibilité de choisir sur quoi vous voulez travaillez et comment vous souhaitez y arriver. Votre influence augmentera grandement. Vous participiez uniquement à un projet auparavant, maintenant vous pourrez le mettre en forme.

Ce que nous avons fait *(par Vivek)*

Pour nous aider à visualiser, nous avons mis à jour notre Curriculum Vitae avec les mots « CCIE (obtention en mai 2007) ». Ceci a solidifié notre engagement et rendu nos CV instantanément plus commercialisables.

Nous avons mis à jour nos futures signatures email avec un numéro de CCIE provisoire.

Nous avons préparé des emails de remerciements pour tous les messages de félicitations que nous allions recevoir après l'obtention de la CCIE.

Voici un exemple personnel du pouvoir de la visualisation même si pas directement lié à la CCIE.

Quand la Vidéo sur IP était une nouvelle technologie et considérée comme un programme pilote, J'$^{(Vivek)}$ ai sauté sur l'occasion et me suis porté volontaire pour participer. C'était une nouvelle technologie donc très peu de gens en avaient déjà entendu parler. On m'a demandé de lire beaucoup de manuels ennuyeux et ensuite d'évaluer les différents produits proposés par différents vendeurs. Pour se faire, j'ai utilisé les techniques de visualisation que j'avais apprises plus tôt. Je me suis imaginé comparer diverses solutions vidéo, les difficultés possible pour les mettre en place et les différents avantages, ainsi que les félicitations de rigueur quand la mise en place serait réussie. Afin de faire ceci correctement et en récoltant le plus d'informations possible, je me suis retrouvé à parler aux ingénieurs des ventes des fournisseurs à propos des avantages relatifs de ses produits par rapport à la concurrence. J'ai fait cela avec tous les ingénieurs des ventes que j'ai rencontrés, et acquis une grande quantité d'informations. Je les ai toutes entrées dans un tableau comparatif très intéressant sur Excel.

J'ai présenté ce tableau à mon chef qui était content de l'avoir. Il l'a présenté au directeur qui m'a immédiatement appelé à son bureau. Il a regardé mon évaluation et m'a demandé ce que je recommandait. Il m'a dit que la qualité de l'appel sur le vieil équipement n'était pas bonne, et que quelques fois l'appel ne pouvait pas être établi du tout. Ceci affectait le réseau de production. Il m'a donné un maximum d'information sur ce que la direction recherchait et je lui ai promis une réponse sous une semaine.

Peu de temps après cette réunion, le chef des opérations a commencé à activement me parler de l'implémentation. Il voulait savoir combien de formation son équipe avait besoin pour maintenir ces nouveaux appareils de réseau. J'ai promis d'obtenir cette information également.

C'était l'effet boule de neige et bientôt, j'étais le seul à tout connaître sur le projet Vidéo sur IP. Je me suis retrouvé à des réunions avec des preneurs de décisions et ils me connaissaient tous par mon prénom. Ils m'arrêtaient dans le couloir pour me demander où en était mon évolution sur le projet. Les employés d'autres départements venaient également me voir pour savoir s'ils pouvaient également participer au projet pilote également.

Croyez-moi, j'étais au paradis de la visualisation. C'est comme cela que j'ai accompli toutes ces tâches. J'ai tout simplement visualisé quelle information je m'attendais à avoir, quelles étapes je devais prendre pour la mettre en place correctement et mon cerveau m'a inconsciemment guidé vers mon but. J'étais le point de contact dès qu'il s'agissait de la Vidéo sur IP, et une fois que le pilote a été mis en place et que son succès fut énorme, je suis devenu le point de contact de mon chef et de notre directeur.

CHAPITRE 12 : LA TROISIEME CLE

Tout ou rien

Il existe une dichotomie intéressante entre ce que nous, êtres humains, attendons des autres (et des choses dans la vie) et ce que nous acceptons de nous-mêmes. Par exemple, nous nous attendons à ce que nos repas soient cuisinés à notre goût 100% du temps. Nous voulons que notre électricité et notre service téléphonique soient interrompus 100% du temps. Nous souhaitons que notre docteur soit capable nos maladie ou que la police arrête le criminel 100% du temps. En revanche, quand il s'agit de nos propres activités, nous nous contentons de beaucoup moins. Nous pourrions être heureux avec 99%, 95% ou quelques fois même 75%. Après tout, 75% de parfait est beaucoup mieux que rien du tout, n'est-ce pas ?

Mais imaginez ce qui se passerait si les pilotes ou les docteurs avaient les mêmes standards. Seriez-vous prêt à faire confiance à un docteur qui faisait attention 75% du temps uniquement ? Seriez-vous prêt à laisser un chirurgien qui ne fait des efforts que la moitié du temps effectuer votre opération car il veut rentrer à temps à la maison pour regarder le match ?

Non évidemment. Mais bien trop souvent, nous nous retrouvons à tergiverser puis effectuer un travail inadéquat pour le terminer le plus rapidement possible pour passer à quelque chose de plus intéressant ou stimulant. Dans ces moments, être précis ou méticuleux n'est plus d'actualité.

Le problème est que la CCIO est l'une des certifications les plus difficiles à obtenir. **C'est une possibilité de changement de carrier qui demande un engagement total et une attention aux détails exemplaire**, pas juste 75% de temps, pas même 99% mais 100% du temps.

Cela ne veut pas dire que vous ne devez pas donner moins de 100% à certaines autres activités. Bien sûr qu'il y en a. La CCIE en revanche n'en fait pas partie.

Un entraineur de boxe de renom est habitué à demander à ses boxeurs de faire un effort pour courir (ce qui s'appelle « barrage » en jargon de boxe) tous les jours sans poser de questions. Il expliquait à ses boxeurs qu'il les préparait pour les mauvaises surprises, qu'on ne savait jamais si quelque chose allait se produire pour les empêcher d'atteindre leur but. Et même si vous ne perdez pas l'endurance que le barrage a fourni en manquant un seul jour, vous la perdrez certainement si vous manquez plus.

Si votre effort est à 95 ou 99%, il vous reste un peu de place pour reporter ou avoir la possibilité que quelque chose d'autre prenne la priorité. Nous ne disons pas qu'il faut arrêter tout le reste. Après tout, le gazon aura toujours besoin d'être tondu et la vaisselle devra toujours être lavée. Nous disons seulement que si vous avez accordé quatre heures chaque soir aux études, vous ne devez rien laisser interférer avec cela. **Donner 100% à votre CCIE signifie qu'elle est prioritaire par rapport à tout le reste.** Si vous devez sacrifier ou reporter quoi que ce soit, cela doit être quelque chose avec une priorité moins élevée. Après tout, le gazon ne va pas arrêter de pousser et il ne va pas bouger, n'est-ce pas ? Vous pouvez complètement reporter cette tâche à plus tard ou pendant une pause.

Après avoir obtenu ma ^(Vivek) première CCIE, les ingénieurs plaisantaient avec moi et disaient « j'aimerais aussi un travail assez facile pour pouvoir étudier pour ma CCIE également ». Je leur répondais tout le temps que quelque soit la difficulté ou la durée de mon travail, je pouvais toujours trouver du temps pour étudier. Au lieu d'aller déjeuner, je déjeunais à mon bureau en étudiant. Ce n'est pas très long ou compliqué de faire une liste de petites thématiques ou de termes techniques à étudier à chaque fois que vous avez quelques minutes. Et pendant ma journée, tandis que je travaillais sur différentes technologies, je creusais un peu plus profondément dans leurs opérations et conceptions. Elles m'ont non seulement aidées dans ma quête pour la CCIE mais m'ont également permis de mieux comprendre mon travail.

Ce que nous avons fait (par Vivek)

Quand nous avons commencé notre quête, Dean et moi avons décidé que pour réussir, la CCIE devait être notre première priorité. Cela voulait dire qu'elle passait devant les anniversaires et célébrations, les récitals de danse ou les événements sportifs de nos enfants, ainsi que le cinéma, la télévision, les festivals et les rassemblements sociaux.

Nous avons fait une liste de tous les termes et technologies que nous ne comprenions pas intégralement. A chaque fois que nous avions du temps libre, même quinze minutes, nous étudions l'une d'entre elles. C'est presque incroyable de savoir ce qui peut être fait en plages de quinze minutes tout au long de la journée. Nous faisions des choses comme préparer les configurations pour des futurs laboratoires ou diagrammes de laboratoire. Nous les imprimions pour avoir une référence ou une étude rapide. Nous utilisions également ces quinze minutes pour écouter de l'audio ou

Email: contact@2doubleccies.com

regardé des Vidéos sur Demande instructives ou pour consulter les options d'une commande spécifique sur le site internet de Cisco. Nous nous demandions tout le temps « **que peut-on faire durant les quinze prochaines minutes qui nous rapprochera de notre CCIE ?»**

CHAPITRE 13 : DEVEROUILLEZ LA BOITE

La combinaison des trois clés

Au cours des derniers chapitres, nous vous avons donné les clés pour réussir. Nous allons maintenant vous montrer comment les assembler de telle manière que vous réussirez les examens de la CCIE et que vous obtiendra ce numéro convoité.

Pour illustrer ceci, Je [Vivek] vais vous raconter une petite histoire.

Quand j'étais enfant, j'étais fasciné par les coffres-forts et la manière dont ils fonctionnaient. J'aimais particulièrement comme ils étaient localisés dans une chambre forte géante. Les murs étaient faits d'un acier solide de huit à dix pouces et les écrous étaient ces énormes cylindres brillants qui coulissaient et qui rendaient la chambre forte virtuellement impénétrable sans la bonne clé ou combinaison. Une fois à l'intérieur, elle semblait encore plus clandestine et mystérieuse. Le banquier est entré avec une clé, vous aviez votre propre clé et vous avez aviez besoin des deux en même temps pour les faire tourner en tandem et ouvrir le coffre.

Afin d'ouvrir votre boîte, **trois clés sont essentielles.**

1. La clé ou la combinaison du coffre.
2. La clé de la boîte.

3. La clé du banquier pour la boîte.

Si vous avez les trois clés pour accéder au contenu de votre boîte, vous n'aurez aucune difficulté. Mais si **l'une des clé est oubliée, il est impossible d'accéder** au contenu.

Les trois chapitres précédents sont comme les clés de la boîte de dépôt qui contient votre numéro CCIE. La réussite est beaucoup plus facile et assurée si vous utilisez ces clés.

1. Mettez en place votre but.
2. Visualisez votre but.
3. Lancez-vous à 100%.

Si vous **n'utilisez pas ces clés ensemble et en tandem**, la boîte de dépôt n'ouvrira pas.

CHAPITRE 14 : QUE LES JEUX COMMENCENT !

Vous avez donc décidé de vous lancer dans la CCIE, et maintenant ? Vous devriez être fier de commencer cette aventure. Souvenez-vous en revanche que le but ultime n'est pas de réussir l'examen, **c'est d'obtenir votre numéro de CCIE.** Cela pourrait sembler absurde puisqu'il faut d'abord réussir l'examen avant d'obtenir votre numéro de CCIE mais il faut absolument entraîner votre cerveau. Si votre but est d'obtenir le numéro de CCIE, l'examen n'est qu'une étape de plus dans le processus. De cette manière, échouer à l'examen n'est qu'un léger recul, une bosse sur la route plus qu'un barrage. Votre cerveau cherche à satisfaire vos buts, et si votre but est de réussir le laboratoire et que vous échouez, votre esprit interprétera cela comme un échec. En revanche, si votre but est d'obtenir votre numéro de CCIE, votre esprit travaillera dessus jusqu'à ce que vous l'obteniez.

Vous pouvez vous faire une bonne idée de ce que vous devez lire et des manuels à utiliser comme référence sur le site internet de Cisco, projet CCIE. Je [Dean] vous recommande également de passer un peu de temps à rechercher des formateurs CCIE. Contactez-les directement et demandez-leur s'ils offrent des tarifs spéciaux. On ne sait jamais, vous pourriez obtenir une bonne remise. Quand vous cherchez le bon formateur, gardez en tête qu'il doit avoir le programme correspondant au format d'examen Cisco le plus récent. Il doit par exemple être capable de vous guider dans la résolution des problèmes pendant l'examen, de vous expliquer comment répondre aux questions ouvertes, ou vous informer sur les derniers changements de l'examen de laboratoire. Vous devriez également parler au plus grand nombre d'ingénieurs possible. Trouvez les stratégies qui ont le mieux marché pour eux, ainsi que les pièges potentiels qui vous attendent.

Une fois que vous avez choisi votre formateur CCIE et un programme, vous devriez vous y tenir. Chaque formateur CCIE offre une variété de programmes pour convenir aux différents styles d'apprentissage et à diverse voies de CCIE. Changer de programme pourrait perturber l'apprentissage et causer confusion. **La chose la plus importante à comprendre à ce niveau est qu'il n'y a pas de raccourci.** Au final, vous devez apprendre le contenu et compléter les travaux pratiques du laboratoire. Pensez-y de cette manière : Afin de gagner du muscle, il faut soulever des haltères. Personne ne peut le faire à votre place. En revanche, un bon entraîneur peut vous aider à gagner du muscle plus rapidement – et de manière plus effective – en se concentrant sur votre routine d'exercices. Imaginez que votre formateur CCIE est votre entraîneur pour l'épreuve de gymnastique aux Jeux Olympiques et votre but est d'obtenir la médaille CCIE (qui est votre propre numéro CCIE). Votre didacticiel devrait vous indiquer en très grands détails tous les aspects techniques mais votre formateur vous aidera à maximiser les résultats.

Nous pensons que dans les deux semaines après avoir choisi un formateur, vous devriez déjà connaître votre routine d'étude, le matériel informatique et les logiciels pour le laboratoire. Si vous utilisez un simulateur de routeur comme DYNAMIPS ou GNS3, vous devriez également posséder un puissant ordinateur. Il est maintenant temps de choisir un calendrier. Consultez les différents calendriers à la fin de ce livre pour vous guider. Quelque soit le calendrier que vous choisissez, planifiez votre première date de constat de progrès au bout de quatre semaines. En fonction de ce progrès, vous devriez décider si vous voulez continuer de suivre le calendrier que vous avez choisi. C'est aussi le bon moment de personnaliser votre calendrier d'étude. Nous vous conseillons de ne plus changer votre calendrier d'étude à partir de ce point. Vérifiez les disponibilités de laboratoire CCIE et ajustez votre calendrier en fonction. Souvenez-vous que certaines dates (surtout pendant et après les vacances) sont plus difficiles à obtenir. Certains ingénieurs qui sont prêts à passer l'examen du laboratoire consultent les disponibilités plusieurs fois par jour en cas d'une annulation de dernière minute.

CHAPITRE 15 : VOTRE PARTENAIRE POUR LE SUCCES

Choisissez sagement

Votre partenaire d'étude est une partie importante dans votre processus de préparation au laboratoire de la CCIE. Malgré le fait que certains préfèrent travailler indépendamment, nous avons remarqué que la majorité des candidats qui réussissent ont des partenaires d'études ; après tout, vous ne connaissez pas les réponses à tout et avoir quelqu'un d'autre à qui poser ces questions est vraiment inestimable. Avoir un partenaire d'étude fait également de vous un meilleur étudiant grâce à la possibilité de discuter tout problème que chacun peut avoir. Il est connu que quand on accomplit une tâche difficile, travailler avec un partenaire profite aux deux partenaires, offrant la possibilité de voir quelque chose d'un point de vue différent et d'approcher le problème sous un autre angle. De plus, enseigner est apprendre. Sélectionner un partenaire d'étude dépend de nombreux facteurs dont, mais pas limités à, la personnalité, les méthodes de travail, la localisation et la formation technique. Il faut choisir un partenaire qui reconnait vos forces et qui vous assiste dans vos faiblesses.

Dans notre expérience, avoir un ou deux partenaires au maximum est suffisant. Plusieurs esprits étudiant un même problème peuvent le résoudre plus rapidement. Cela vous aide également quand vous avez plus de questions sur une technologie spécifique. En général, vous pouvez être fort dans certaines technologies tandis que votre partenaire pourrait être fort dans d'autres. Ceci complète votre étude et un travail d'équipe accélérera votre travail.

Voici les qualités que vous pouvez chercher chez votre partenaire :

1. Son expérience et son intelligence doivent être similaires à la vôtre. Nous ne vous conseillons pas de vérifier son QI mais si vous répondez à toutes ses questions et n'obtenez pas de réponses aux vôtres, votre collaboration ne durera pas longtemps.
2. Vos connaissances des technologies doivent être complémentaires.
3. Les personnalités et tempéraments doivent être pris en compte.

4. Votre partenaire doit avoir une attitude positive et doit faire partie de la solution, pas du problème. Travaillez avec quelqu'un qui voit le verre à moitié plein, pas à moitié vide.

5. Il est important de choisir un partenaire d'étude qui dévoue intégralement son temps jusqu'à ce qu'il ait obtenu sa certification. Laisser tomber un partenaire à mi-chemin trouble le flux et l'équilibre que vous avez établi et pourrait perturber votre progrès et la date de passage.

6. Votre partenaire doit être disponible à toute heure, dans le même fuseau horaire et il est préférable que vous soyez au même endroit pour étudier face à face.

7. Votre partenaire devrait au moins avoir le même emploi du temps que vous le week-end pour que vous puissiez étudier ensemble.

8. Votre partenaire et vous devriez être capables de compléter les tâches que vous vous êtes assignés pour cette semaine.

9. Votre partenaire peut vous pousser à finir une tâche de plus au laboratoire ou travailler sur la prochaine tentative et aider à répondre à vos questions. **Les partenaires sont là pour vous soutenir et faire en sorte que vous n'abandonniez pas.**

10. Vous devez aussi toujours garder ceci en tête : si vous choisissez un partenaire qui a déjà programmé son laboratoire dans deux semaines et vous n'avez pas encore effectué d'exercices pratiques, ce partenariat ne sera pas bénéfique.

Nous insistons encore sur le fait que ce ne sont pas des règles mais des lignes directrices à suivre. Chaque ingénieur est dans une situation unique et possède des attentes différentes.

Ce que nous avons fait (par Vivek)

Dean et moi sommes des individus très compétitifs et comme nous l'avons mentionné précédemment, nous voulions savoir qui aurait sa certification CCIE en premier. Nous étions complémentaires quand il s'agissait des technologies. Dean est fort en MPLS par exemple et je suis fort en QoS. Nous avons divisé toutes les nouvelles technologies que nous devions tous les deux apprendre et chacun devait présenter sa portion. Nous nous posions des questions mutuellement pour être sûrs que nous avions entièrement compris un concept.

Nous avons même utilisé sarcasme et comédie de temps en temps pour souligner nos faiblesses. Dean m'a contacté une fois pour me dire qu'après avoir passé cinq heures dans le laboratoire, il ne pouvait rien faire fonctionner. Je l'ai traité d'un nom impossible à répéter et, à ma grande surprise, Dean était contrarié et a décidé de faire nuit blanche et de tout recommencer dans le laboratoire. Mon téléphone a sonné à quatre heures du matin et c'était Dean qui m'annonça qu'il avait terminé l'exercice, qu'il savait ce qu'il faisait et qu'il ne voulait plus jamais que je l'appelle comme cela. Tout s'est bien entendu fait de manière très saine. Nous aimions nous moquer l'un de l'autre et ne prenions jamais rien personnellement – ce qui a bien marché pour nous. Bien que plusieurs années se soient écoulées depuis l'obtention de nos CCIE, nous sommes toujours en contact et collaborons ensemble sur l'écriture de ce livre.

CHAPITRE 16 : TRAVAILLEZ DUR ET JOUEZ ENCORE PLUS DUR

Etudiez agressivement tout en gardant votre objectif en vue

A notre avis, la meilleure approche à la certification CCIE est d'avoir un plan agressif. **Travaillez dur pour faire en sorte que vous exécutez votre plan.** Si vous prenez du retard, après quelques semaines, vous réaliserez qu'il est plus dur de remonter la pente et vous sentirez bientôt que votre but est inatteignable puis abandonnerez.

Cisco propose un très gros volume de ressources ; Le projet du laboratoire du CCIE possède une importante liste de livres et de sujets recommandés. Tout ce qui est dans l'examen est probablement listé. En revanche, si vous désirez obtenir votre CCIE rapidement, vous n'avez pas le luxe de lire l'intégralité du contenu. C'est là que les guides de laboratoires et les séminaires de votre formateur entrent en jeu. Ils vous permettent de passer en revue toutes vos ressources et vous vous concentrerez uniquement sur les sujets qui sont importants pour l'examen du laboratoire.

Nous avons compilé cinq différents calendriers stratégiques pour cinq différents scénarios afin de vous aider à choisir le chemin le plus facile pour vous. Gardez à l'esprit que ces calendriers sont génériques et peuvent ne pas totalement vous correspondre ou à votre partenaire d'étude. Cela vous donne un point de départ sur lequel vous pouvez ajuster votre propre emploi du temps. Voir Chapitre 37 « Suggestion de calendriers pour la préparation CCIE ».

Comme nous discutions de notre stratégie de succès et l'avons comparée avec d'autres voies pour la CCIE, il était évident pour nous qu'une fois que vous aviez votre première CCIE, le calendrier de la seconde CCIE serait plus court. En voici les quatre raisons.

1) En général, les ingénieurs choisissent des voies CCIE qui ont quelques éléments en commun. Si vous commencez par exemple par Routage et Commutation, vous irez ensuite sans doute vers Fournisseur de Services ou Sécurité car leur construction est similaire à la précédente.

2) Il existe des points communs entre les projets d'examen. Si vous connaissez par exemple votre BGP pour la famille d'adresses IPv4, apprendre la famille d'adresses VPNv4 ne sera pas aussi intensif que d'apprendre le protocole en intégralité depuis le début.

3) Une fois que vous avez tenté une CCIE, vous connaissez vos méthodes de travail, comment trouver du temps et

comment se concentrer et travailler pendant de longues heures.

4) Vous êtes beaucoup plus patient car vous savez maintenant que la CCIE est un engagement à long terme.

Tout cela pour dire que le calendrier de votre prochaine CCIE sera substantiellement plus court. Cela dépend également de votre connaissance de base et du temps que vous aurez passé au travail ou dans un environnement de laboratoire.

Après notre réussite, l'un de nos amis nous a demandé conseil sur la manière d'étudier les différentes stratégies que nous avons utilisées pour passer l'examen. Nous lui avons donné une approche rapide de ce que nous avions fait ; une version simplifiée de ce livre. Cela a motivé notre ami. Il a apprécié nos conseils et décidé d'étudier pour passer l'examen. Depuis, à chaque fois que nous le rencontrons, il nous raconte une histoire sur quelque chose qui l'a ralenti dans ses études. Environ tous les ans, il pose toujours la même question et sollicite nos conseils pour l'examen de laboratoire de la CCIE. Il commence à étudier mais de nombreux facteurs le ralentissent et il doit s'arrêter, puis il doit recommencer son examen écrit pour se qualifier à nouveau pour le laboratoire. Au bout de quatre ans, son cycle était toujours le même et nous lui avons dit que **s'il ne s'engageait pas à 100%, son succès serait quasiment impossible : il faut faire quelque chose,** ne pas laisser les excuses vous bloquer le chemin. Les chapitres 10, 11 et 12 parlent de ce qui lui manquait.

Ce que nous avons fait (par Dean)

Pour notre première voie CCIE, nous n'avions pas de calendrier spécifique ou de plan à suivre. Nous savions que nous devions étudier dur, improviser et ne pas abandonner. Pour notre seconde CCIE, nous avons mis au point un calendrier spécifique et travaillé avec diligence pour atteindre chaque étape importante.

Nous vous offrons cinq calendriers stratégiques pour que vous puissiez sélectionner celui qui semble le plus approprié à vos besoins. Utilisez-les comme référence et personnalisez-les pour créer un emploi du temps qui corresponde à vos besoins et plus approprié à vos compétences.

Si vous avez des suggestions ou recommandations à partager, n'hésitez pas à visiter notre site internet www.2doubleccies.com et à poster vos commentaires à : contact@2doubleccies.com.

CHAPITRE 17: CREEZ UN EMPLOI DU TEMPS ET RESPECTEZ-LE

Prévoyez vos heures d'études

Créez un emploi du temps et respectez-le. Si vous avez déjà organisé votre temps de travail, vous devez vous y tenir et si vous manquez un jour ou deux, il sera difficile de rattraper le temps. Ne vous laissez pas aller, remontez la pente et travaillez jusqu'à ce que votre calendrier devienne une habitude. Peu importe ce que chacun fait, vous devez trouver votre propre calendrier, celui qui fonctionne le mieux pour vous, votre famille et votre partenaire d'étude.

Si vous êtes un oiseau de nuit, commencez bien votre routine à la même heure tous les jours de la semaine, comme si vous alliez au bureau. C'est votre second travail pour le moment.

Dans le cadre de notre programme, nous avons choisi un endroit principal et un lieu de remplacement pour étudier. Aux Etats-Unis, les bibliothèques sont des endroits formidables pour étudier. Elles possèdent même des pièces d'études où vous pouvez discutez et travailler sur votre examen pratique. D'autres lieux comme des cafés, un bureau à domicile et des écoles ou campus universitaires locaux sont aussi à considérer.

Ce que nous avons fait (par Vivek)

Dean, qui avait de jeunes enfants pendant sa seconde CCIE, a décidé que ses horaires de laboratoire seraient de vingt heures à une heure du matin pendant la semaine. Les enfants allaient se coucher et il pouvait porter toute son attention sur le laboratoire sans distraction.

Pendant les week-ends, la maison n'était pas propice aux études parce qu'il y avait beaucoup d'activités et les distractions étaient inévitables. Nous avons décidé d'aller dans notre bureau local, situé à une demi-heure de route, pour continuer notre routine d'étude. Nous y travaillions de neuf heures à dix-neuf heures, et même jusqu'à vingt-trois heures de temps en temps. Nous avons maintenu cet emploi du temps jusqu'à ce que nous étions sûrs d'avoir couvert un contenu suffisant pour pouvoir travailler indépendamment ; cela a pris quatre mois. Pendant tout ce temps, tous les samedis et dimanches, par temps de pluie, de soleil, de grêle ou de neige, nous étudions. Nous avons étudié les vidéos, tenté les laboratoires, et examiné tous les sujets que nous avions besoin d'améliorer.

Après quatre mois, nous étions satisfaits de notre progrès, nous savions qu'aucun de nous deux n'allait s'arrêter jusqu'à ce qu'il obtienne sa seconde CCIE. La motivation, le dévouement et le soutien continu de nos familles nous ont permis de dévouer de longues heures à ce projet.

Par la suite, nous travaillions indépendamment sur notre calendrier et continuions nos appels quotidiens réguliers pour vérifier le progrès de chacun. Si l'un de nous avions un problème technique, que ce soit à la pause déjeuner ou le soir, nous nous jetions sur le problème jusqu'à ce qu'il soit résolu et que nous ayons trouvé la cause. Après tout, c'était notre bataille et aucun de nous ne pouvait rester sans rien faire tandis que l'autre devait résoudre un problème. Nous travaillions réellement en binôme. Le besoin de continuer à atteindre nos objectifs était très fort. Nous terminions un laboratoire quotidiennement et notre concentration était de fer. A certains moments, nous nous asseyions pendant six heures et finissions n'importe quel exercice pratique en étant sûr qu'il avait fonctionné.

CHAPITRE 18 : LE COMPTE A REBOURS

Le temps est une ressource. Comment l'utiliser, comment le trouver

L'une des ressources les plus importantes à gérer pendant la préparation du laboratoire de la CCIE est le temps. Une fois votre famille à bord, (voir Chapitre 7 « Le cercle de confiance »), il faut parler de votre entreprise à votre chef. Très souvent chez des entreprises comme Cisco et ses partenaires, ou de larges fournisseurs de service, le département et l'équipe de direction sont reconnus quand ils possèdent des titulaires de CCIE. Assurez-vous que votre chef soit de votre côté, vous accorde plus de temps pour la préparation et vous donne des horaires de travail flexibles pendant ces mois de préparation.

Une fois votre famille et votre chef à bord, **c'est une question de gestion du temps. Ayez le cran et la détermination d'utiliser ce temps et ces ressources pour atteindre votre but.**

Comme mentionné plus tôt, les priorités quotidiennes devront changer. Il faudra supprimer le temps passé devant la télévision par exemple. Je [Vivek] demande souvent à ma famille et à mes amis combien d'heures ils passent à regarder la télévision. La plupart d'entre eux ne réalisent pas combien de temps ils passent devant une boîte. Vous devez gérer votre temps et toujours vous concentrer sur vos objectifs. Pensez : « **Comment cette activité va-t-elle m'aider à obtenir ma certification CCIE ?** » Si cette activité n'est pas directement reliée, il faudra sans doute réduire le temps que vous lui accordez.

Nous avons tous nos routines et cela semble impossible de dévouer autant de temps aux études. Le temps est disponible mais est-ce que vous l'utilisez à votre avantage ? Comment étudier trente à quarante heures par semaine avec une famille, un travail à temps plein et des responsabilités envers les autres ?

Selon notre expérience et les entretiens que nous avons conduits auprès des titulaires de CCIE, dont ceux qui en possédaient plusieurs, il faut trouver le créneau où vous vous sentez le plus prêt, alerte et avec des distractions minimales. Un individu m'a dit qu'il commençait à trois heures du matin et qu'il travaillait sur le laboratoire jusqu'à sept heures du matin. Cela lui donnait quatre heures de temps d'étude avant que la famille ne se réveille. Dans une semaine normale, il pouvait cumuler vingt heures d'études. Le week-end, s'il réussissait à finir un exercice complet de huit heures de laboratoire, cela faisait vingt-huit heures en tout en une semaine. Il pouvait trouver encore plus de temps en restant au travail et en étudiant le soir.

Nourrissez l'animal CCIE en vous et tirez partie de votre temps. Gérez au mieux votre temps de transport, par exemple en évitant les heures de pointe et en pratiquant des petits exercices à la place, ou en étudiant une Vidéo sur Demande (VoD). Vous pourriez préparer vos études le matin puis vous préparer pendant le déjeuner à travailler le soir. Quoi qu'il arrive, si c'est votre but, il faudra trouver un moyen. Vous devez créer votre propre emploi du temps d'étude et faire correspondre vos besoins.

Vous devez utilisez chaque moment libre à votre avantage. Ainsi, nous vous conseillons d'imprimer toute information (cartes flash, articles et configurations) pour qu'elle soit à disposition à tout moment pour la consulter dès que vous trouver au moins quinze minutes. Vous pourriez également avoir l'Audio sur Demande (AoD) ou la VoD disponible sur votre ordinateur portable ou sur votre téléphone pour regarder ou écouter à tout moment. Si vous allez au match de votre enfant et qu'il faut trente minutes pour s'y rendre, prenez quelques pages avec vous pour écouter sur le trajet. Faire ceci vous permettra d'utiliser votre temps utilement. Vous pourriez être surpris de vous rendre compte que vous êtes capable de saisir un concept nouveau ou difficile. Vous devez être comme un enfant qui vient d'avoir un nouveau jeu vidéo. Il passe tout son temps à jouer. Il ne laisse rien le déconcentrer du jeu. Un enfant jouera et se concentrera sur chaque moment de la journée où il est réveillé et tout le reste n'est que distraction – c'est comme cela que doit être votre passion pour la CCIE.

L'approche ci-dessus demande une condition : **ne sacrifiez pas votre sommeil ou votre santé.** Si vous désirez obtenir des résultats effectifs et fructueux, reposez-vous. Si votre corps a besoin de sept heures de sommeil, donnez-lui le temps pour récupérer et se soigner. Le pire à faire est de se réveiller fatigué, de mauvaise humeur, inefficace et taper sur les nerfs des autres. J'avais un collègue qui se ventait de n'avoir besoin que de trois heures de sommeil mais tous les matins à notre réunion de six heures, nous devions gérer sa mauvaise humeur et son attitude hors de contrôle quand il essayait de se disputer avec des fournisseurs, nous-mêmes, ou mêmes des clients ; ce qui n'était pas bénéfique.

Ce que nous avons fait (par Vivek)

Une fois notre routine établie, nous nous réveillions le matin sans réveil et travaillions sur le laboratoire ou commencions un nouveau paramétrage. Nous étions tous les deux d'accord sur le fait que ces heures matinales étaient les meilleures pour gérer les sujets difficiles. C'était le moment où nous pouvions le mieux nous concentrer et comprendre la technologie que nous avions du mal à assimiler la veille au soir. Dean et moi nous sommes réveillés à plusieurs reprises avec une meilleure compréhension d'un concept avec lequel nous luttions les nuits précédentes.

CHAPITRE 19 : LIVRES / VIDEOS / RESSOURCES DE LABORATOIRE

Utilisation des options d'apprentissage

Quand vous vous décidez de vous lancer dans la CCIE, vous devez d'abord penser à votre style d'apprentissage. Chacun d'entre nous utilise des techniques d'apprentissage différentes. Vous devez savoir quelle ressource d'apprentissage fonctionne le mieux pour vous et comment la maîtriser. Il est impératif que vous passiez plus de temps à rechercher les ressources disponibles, outils, équipements, simulations et lieux d'étude. Choisissez ceux qui conviennent le mieux à votre style d'apprentissage et visualisez-vous en train de lire, écouter ou apprendre les contenus sur le medium de votre choix. **Une bonne recherche vous mènera loin.** Tout responsable de projet expérimenté peut témoigner de l'importance du planning. C'est l'une des étapes les plus importantes de tout projet et peut prendre plus de temps que n'importe quel autre processus.

Voyez comment ces cours d'apprentissage et manuels de laboratoire conviennent à votre style d'étude. Vous avez par exemple des ouvrages recommandés pour le projet de la CCIE. Si vous considérez lire tous ces livres, vous ne vous souviendrez pas du premier livre quand vous aurez fini le dixième. Vous aurez vraisemblablement oublié des détails techniques que vous aurez appris dans votre premier livre, surtout si vous les lisez sans expérience pratique. Beaucoup de gens considèrent les livres techniques secs. Vous pourriez également les comparer à des somnifères car ils vous endormiront au bout de quelques pages – oui, c'est Dean qui pense de la sorte !

Les ressources d'apprentissage disponibles aujourd'hui s'étendent du séminaire intensif, de la formation en ligne , à la Vidéo sur Demande (VoD) en passant par l'Audio sur Demande (AoD), les cours d'instructeurs, ou les Sessions Live de Cisco visant aux différentes voies de certification. Bien que vous vouliez faire tout ce qui est cité ci-dessus, vous devez planifier et **vous tenir à un formateur principal** et utiliser les autres options comme des ressources supplémentaires pour atteindre votre but. Dans d'autres termes, ne vous dispersez pas trop car vous serez vite submergé. Nous pensons que les livres, AoD, VoD et lectures sont de bonnes ressources et doivent être utilisées si besoin. J'ai vu des ingénieurs utiliser la VoD pour leur formation initiale et partir pour un séminaire intensif quelques semaines avant leur tentative de laboratoire.

Gardez à l'esprit que votre objectif n'est pas basé sur le nombre de livres que vous avez lus ou le nombre d'heures passées dans la certification ! Mais plutôt, **votre objectif est d'obtenir le numéro de CCIE.** Vous réussirez l'examen en pratiquant le plus de laboratoires possibles.

Au lieu de mémoriser les exercices de laboratoire, **comprenez les concepts derrière chaque laboratoire.** La confiance que vous aurez générée après avoir réussi quelques exercices pratiques sera le catalyseur de votre succès. L'essentiel est que vous fassiez tout cela pour obtenir votre numéro de CCIE et tout le reste doit être considéré comme un moyen d'atteindre ce but.

Ce que nous avons fait (par Vivek)

Pour notre seconde certification CCIE, nous avions tous deux une compréhension solide de certains protocoles et nous avons donc décidé de nous concentrer sur les endroits que nous devions monter en puissance. Nous avons décidé de commencer par la VoD. Après avoir regardé les vidéos pour la première fois, nous avons noté des points de repères et avons stimulé chaque segment du laboratoire en utilisant toutes les ressources que nous avions (Voir chapitre 20 « VoD » pour plus de détails). Le but de cette approche était double ; tout d'abord, cela nous permettait de valider nos connaissances de base ainsi que la précision de nos lectures des vidéos ; nous pouvions également corriger tout faute que le maître de conférence pouvait commettre.

Une fois le concept technique entièrement compris, il était temps de passer à la pratique. Nous avons commencé à simuler les exercices courts qui couvrent une leçon sur une technologie particulière. Une majorité de ces laboratoires sont construits les uns sur les autres, donc nous n'avions qu'à regarder le laboratoire le plus compliqué. Avec cette topologie de laboratoire créée sur notre simulateur, nous imitions les laboratoires antérieurs (les moins compliqués) en éteignant les interfaces dont nous n'avions pas besoin. Une fois le laboratoire entièrement fonctionnel, chacun pratiquait et résolvait les problèmes à son tour. Une autre chose à se souvenir est que si vous restez coincé à un endroit, vous pouvez sauvegarder ce scénario et recommencer ou passer à l'exercice suivant. Après chaque laboratoire, nous avions une conférence téléphonique pour discuter des leçons apprises et pour partager toutes idées ou solutions alternatives que nous avions imaginées lors de ces longs exercices. Nous nous mettions la pression pour terminer ces exercices. Une fois satisfaits de nos résultats, nous sommes passés aux exercices de quatre heures.

CHAPITRE 20 : VOD

Comment exploiter la Vidéo sur Demande

Il existe de nombreuses ressources d'apprentissage disponibles mais nous avons préféré la Vidéo sur Demande (VoD). Pourquoi ? Parce que nous aimions le format visuel et que nous pouvions apprendre à notre propre rythme. Si vous choisissez également l'option de la Vidéo sur Demande, nous avons quelques conseils utiles pour vous.

Tout d'abord, créez le même réseau utilisé sur la VoD sur votre simulateur ou laboratoire. Tandis que vous écoutez la VoD, prenez note du moment où un sujet particulier débute et s'arrête. Cela vous permettra de revenir au même endroit. C'est un gain de temps immense et cela vous permet d'apprendre de nouvelles technologies de manière effective.

Voici un **processus en quatre étapes que nous avons utilisé pour s'assurer que nous avions maîtrisé la Vidéo sur Demande :**

Etape 1: Regardez et écoutez une vidéo en intégralité, et comprenez les concepts basiques.

Etape 2: Relancez la vidéo, cette fois en faisant des pauses et en prenant des notes détaillées sur les sujets que vous ne maîtrisez pas ou que vous désirez réviser.

Etape 3: En utilisant vos notes, simulez le réseau de VoD dans votre laboratoire. La pratique renforce et cristallise le sujet entier dans votre tête.

Etape 4: Retournez à la Vidéo sur Demande et, cette fois, validez et comparez la VoD avec votre travail. De cette manière, vous serez capable de retrouver toutes les erreurs que vous aurez commises.

Vous pourriez encore avoir quelques questions mais vous pourrez y répondre en lisant un livre ou des forums. Vous pouvez aussi demander à votre partenaire ou à vos collègues.

Ce processus est fastidieux mais fonctionne très bien. Au début, cela peut être plus long mais au final, c'est une grande économie de temps. Afin de faire participer votre partenaire, allez dans un environnement où vous pouvez parler, regarder les vidéos ensemble et montrer votre travail. Etre dans la même pièce que votre partenaire d'étude est beaucoup plus productif qu'étudier à distance. Attendez-vous à ce que l'apprentissage avec la Vidéo sur Demande prenne du temps, surtout si vous n'êtes pas dans la même pièce. Vous pouvez alors utiliser des technologies de partage basées sur internet pour coordonner votre travail.

Nous avons vu d'autres ingénieurs qui avait pris des notes élaborées avec des liens hypertextes, des documents PDF ou d'autres points de référence. Cette approche globale et sophistiquée est incroyable si vous pouvez respecter les étapes de votre calendrier.

Essayez d'utiliser différentes méthodes et technologies dans votre laboratoire en utilisant le point d'interrogation dans les commandes. Utilisez différentes options et notez l'effet. Cela vous aidera grandement à apprendre les fonctions et vous permettra de répondre à des questions-pièges ou trouver des solutions de rechange tandis que vous vous familiarisez avec le laboratoire. Séparer chaque action vous permet également de résoudre un problème plus facilement.

Ce que nous avons fait (par Dean)

Nous avons utilisé l'approche de la Vidéo sur Demande pour apprendre les nouvelles technologies dans les moindres détails. Nous avons passé beaucoup de temps dessus au début parce que nous n'avions pas formulé notre approche en quatre étapes. Pour la préparation au laboratoire de la CCIE, nous avons regardé la VoD indépendamment. Ensuite, chacun a étudié les vidéos en prenant des notes détaillées avec horodatage. Ensuite, si nous devions nous référer à une certaine section d'une VoD, nous n'avions pas à regarder toute la vidéo en intégralité à nouveau. N'oubliez pas que cela peut paraitre simple quand un instructeur fait de la saisie et fait marcher une technologie, mais quand vous commencez les laboratoires sur les routeurs vous-même, c'est difficile de se souvenir des étapes exactes sans référence. Par conséquent, il est impératif que vous suiviez les étapes trois et quatre pour recréer la même topologie sur le simulateur ou le laboratoire (entièrement). Pour nous, un cours de quarante heures nous a pris trois à quatre semaines à terminer. Nous avons utilisé le point d'interrogation pour trouver quelles options additionnelles étaient disponibles ou quelles options nous pouvions avoir ignorées. L'utilisation du point d'interrogation nous a permis de voir quels autres paramètres pouvaient être manipulés.

Nous sondions toujours quels autres scénarios pouvaient être possibles en utilisant une option de commande particulière. Après avoir complété cet exercice, chacun détruisait le laboratoire et laissait l'autre personne travailler dessus ; Cela nous aida immensément avec notre technique de résolution de problèmes.

Plus vous connaissez les manières de détruire le laboratoire, plus il est facile de le réparer.

Nous savions, à certains moments en regardant la Vidéo, que notre instructeur avait tort. Puisque nous développions le scénario dans notre laboratoire, nous étions capables de détecter la racine d'un problème. C'était informatif de regarder l'instructeur corriger ses erreurs en même temps qu'il résolvait un problème. Nous croyons fermement que le temps que nous avons investi à apprendre ces vidéos nous a immensément aidés à atteindre notre but.

CHAPITRE 21 : APPRENDRE LES BASES

L'utilisation des laboratoires courts pour apprendre une technologie spécifique

Presque tous les formateurs au laboratoire de la CCIE ont différentes ressources disponibles quand vous achetez des packs de formation : les laboratoires courts en font partie. Ces laboratoires sont des paramétrages simples de trois à cinq appareils qui se concentrent sur une technologie. Ces laboratoires construits les uns dans les autres peuvent faire partie d'un réseau simple ou complexe. Etudier et pratiquer sur des **laboratoires courts vous permettra de comprendre les technologies et vous donnera ce nouveau sentiment de confiance.** C'est parce que vous faites l'expérience et avez la possibilité de tester les différentes options disponibles.

Après avoir terminé les laboratoires courts, vous devriez lire les travaux pratiques de huit heures que vous venez d'acheter et vous évaluer honnêtement, dont le niveau de vos compétences techniques. Si vous avez l'impression de ne pas avoir de problème avec les technologies de base de l'examen (qui correspondent à 60 à 70%), lancez-vous et tentez-le. En revanche, si vous pensez qu'il y a certaines technologies que vous devez creuser en profondeur, attendez avant de faire l'exercice de huit heures. Creuser en profondeur est facile ; utilisez les technologies spécifiques mentionnées pour les laboratoires courts.

Ce que nous avons fait (par Dean)

Pendant les études de notre seconde CCIE, nous utilisions les examens pratiques courts pour nous familiariser avec les diverses technologies. Nous avons simulé toute technologie que l'on ne maîtrisait pas ou que l'on avait besoin de réviser. Nous avons regardé les laboratoires courts et créé un paramétrage que nous pouvions utiliser pour la section entière. Le paramétrage de laboratoire peut prendre du temps. Nous l'avons donc complété en dehors de nos heures d'études, comme pendant nos pauses déjeuner au travail. Nous étions de cette manière assurés que nous nous concentrions uniquement sur l'apprentissage pendant nos heures d'études.

Une fois que nous connaissions les technologies individuelles et avions gagné confiance, nous étions prêts à travailler sur les exercices plus longs.

CHAPITRE 22 : MAINTENIR VOTRE FORME

Comment rester sain

Quand vous passez de longues heures à préparer votre examen de Laboratoire CCIE, votre corps subit des transformations. La prise de poids en est une. N'oubliez pas que vous êtes assis derrière un ordinateur quotidiennement, quelques fois pendant dix à quinze heures par jour. Soyez préparés et ne stressez pas.

Gardez votre esprit vif et votre corps en bonne santé pendant cette période stressante d'environ douze mois. Une bonne manière de gérer le stress est de faire de l'exercice régulièrement. Peut-être que le yoga, Tai-chi ou un autre mouvement de méditation libérera votre esprit. Je [Dean] pratique souvent le yoga en suivant une série de vidéos à chaque fois que je me sens accablé par le travail ou que je ressens quelque stress que ce soit. D'autres ont dit que des mouvements cardiovasculaires augmentent le flux sanguin de votre cerveau et stimulent votre rythme cardiaque.

Pendant la préparation de laboratoire, je devenais fatigué et j'avais du mal à me concentrer par moments. J'ai donc suivi le conseil d'un ami et commencé des séries de vingt pompes et vingt abdominaux plusieurs fois par jour. Bien que c'était dur au début et que je n'arrivais à faire que des séries de dix trois fois par jour, à ma grande surprise, je me suis rendu compte que j'avais droit à une séance d'entrainement de quelques minutes qui me donnait un coup de fouet et accélérait mon rythme cardiaque. Je me sentais motivé sans prendre de longue pause ou d'arrêter pour la journée. Après la courte routine d'exercice, j'étais prêt à me concentrer et à continuer le laboratoire. Je répétais ceci à chaque fois que j'étais fatigué. Au final, je faisais trois groupes de trente séries par jour. Je commençais avec une série le matin et la suite pendant ma période d'étude. Cela soulageait les maux de dos que j'avais à force d'être assis pendant des heures devant un écran d'ordinateur.

Au bout d'un mois, je faisais de l'exercice en étudiant. De temps en temps, quand je voulais me motiver, je me jetais sur le sol et tentais trente ou quarante pompes. En quelques minutes, j'étais frais et dispo et mon esprit entièrement concentré.

Essayez si vous pouvez (demandez d'abord l'avis de votre docteur si vous avez des problèmes de santé), cela a vraiment marché pour nous ; une fois que vous devenez dépendant de cette routine d'exercice, vous pourriez continuer après avoir passé l'examen de la CCIE. Pour information, cette routine ne demande pas d'appareils particuliers, d'abonnement à un club de gym ou de coût additionnel à votre budget de CCIE. Vous pouvez faire cela quand et où vous voulez. Evitez juste les endroits publics car vous pourriez vous attirer une attention non-désirée. Avec un exercice régulier, vous pouvez obtenir votre CCIE et des abdos ☺.

Ce que nous avons fait (par Dean)

Comme je l'ai mentionné auparavant, vous soumettez votre corps, votre esprit et votre famille à un stress que vous n'avez jamais vécu auparavant. Par conséquent, vous pourriez commencer à manger plus ou développer de mauvaises habitudes. Personnellement, j'ai commencé à manger beaucoup de malbouffe et j'ai pris du poids. Ca arrive. Ca varie selon les gens mais l'important est de s'en rendre compte et de savoir comment le gérer. Faites une pause, surtout quand vous vous sentez submergé. Afin de construire notre endurance et notre concentration mentale, nous avons commencé à manger plus sainement en remplaçant le café et les beignets par des fruits et légumes lors de nos week-ends d'études.

Ne vous en faites pas si vous laissez aller votre régime, ne mangez pas équilibré ou manquez vos séances d'exercice de temps en temps. Vous pourrez retourner à votre routine une fois que vous aurez obtenu votre CCIE, et vous pourrez serrer la ceinture plus tard !

Un autre facteur à prendre en compte est votre environnement. Vérifiez qu'il corresponde à vos besoins. Vous devez échapper aux distractions, aux bruits, et la température doit rester tolérable. Nous avons compris que notre meilleur environnement était notre bureau local. Il n'y avait pas de distractions pendant le week-end puisque personne ne travaillait. La lumière était agréable et le mobilier était ergonomique dans un lieu familier. Et puis nous avions un projecteur pour regarder et analyser notre VoD technique sur un grand écran. Souvent, quand nous décidions de faire une petite pause, Dean commençait ses pompes et ses abdominaux.

Visionnez nos vidéos sur :

www.2doubleccie.com

CHAPITRE 23 : FAITES-EN PLUS POUR EN AVOIR PLUS

Comment pousser votre partenaire

Maintenant que nous connaissons les critères pour sélectionner un partenaire (Chapitre 15 : « Votre partenaire pour le succès »), il est également important de s'intéresser aux personnalités. Beaucoup d'ingénieurs, même si très doués avec les technologies, pourraient manquer de qualités humaines (même si c'est dur pour nous de l'admettre !) Souvenez-vous que votre partenaire est là pour vous soutenir et vous de même.

De notre point de vue, vous êtes le responsable de projet pour cette entreprise et la communication est 90% la tâche d'un bon manager. Faites en sorte que votre partenaire et vous soyez toujours au courant de tout car il y aura beaucoup de problèmes qui surgiront pendant les quelques mois d'études, que ce soit personnels, professionnels ou de motivation.

Motivez-vous et motivez votre (vos) partenaire(s) tous les jours, et autant de fois par jour qu'il le faut. Vous devriez connaître ses forces et faiblesses. Utilisez ses forces pour vous aider et soutenez-le dans ses faiblesses. Vous devriez exploiter les attributs positifs de chacun pour compléter votre but commun.

Vivek et moi ^(Dean) avions l'habitude de garder une trace des activités et progrès de chacun, et de partager les leçons apprises. Nous divisions également nos questions entre nous. A notre prochain rendez-vous, nous étions préparés et prêts à enseigner nos thèmes choisis. On dit qu'enseigner est apprendre, et nous avons appris quelque chose tous les jours avec cet exercice.

Avec un projet à long-terme comme le laboratoire de la CCIE, un emploi du temps serré et une pression constante, c'est naturel que des obstacles fassent tergiverser et donnent envie d'abandonner. Votre partenaire et vous devez vous motiver, vous complimenter et prendre le relais. Notez que si vous ou votre partenaire avez toujours besoin de quelque chose ou avez toujours une excuse pour ne pas faire votre partie du travail, il faudra réfléchir à ce partenariat à deux fois.

Ce que nous avons fait (par Dean)

Une communication quotidienne régulière entre votre partenaire d'étude et vous est cruciale. Je me souviens quand Vivek m'appelait à 9:30, 13:30, 15:30 et 17:30 le dimanche, me demandant ce que j'avais terminé et pourquoi le laboratoire qui m'était assigné n'était pas terminé. Je finissais par me sentir coupable et commençais mon laboratoire à 21:30 sans m'arrêter jusqu'à 3:45 du matin. Vivek avait également un surnom pour moi. Il m'accordait une lettre de l'alphabet à la fois quand lui ou moi avions à accomplir une tâche majeure. Le moment où j'ai eu ma seconde CCIE, le titre entier m'était accordé, « Sensei ». Plus sérieusement, motivez-vous et votre partenaire pour terminer. Quand vous aurez votre CCIE, vous n'aurez jamais besoin de revoir ce processus et à priori jamais besoin de refaire un examen en laboratoire à nouveau☺.

CHAPITRE 24: LA BASE DOIT ETRE A 100%

Même la meilleure voiture ne roulera pas si son moteur est en panne.

Tandis que vous progressez dans votre étude du laboratoire de la CCIE, vous comprendrez ce que je veux dire quand je dis que la base doit être à 100%. Chaque laboratoire possède ses propres technologies de base. Par exemple, au moment où nous avons passé le laboratoire Routage et Commutation, le projet avait quelques technologies de base comme les routage, groupage, VLANS, protocoles de routage et leur redistribution. **Ceux-ci comprenaient la fondation du réseau qu'il fallait construire.** Une fois que le réseau de base était configuré, l'examen ajoutait une difficulté supplémentaire. Les IPv6, protocoles de routage, multicast, QOS et autres sujets sont couverts dans l'examen de laboratoire. A moins qu'une connectivité de base d'un bout à l'autre ne soit établie, selon les paramètres et conditions décrites dans le laboratoire, toute autre technologie construite dans ce réseau ne fonctionnera pas.

La fonctionnalité et la productivité d'une ville pourraient être une bonne analogie. Si votre ville n'a pas de routes proprement construites, il sera impossible pour les voitures d'atteindre leur destination. Quelque soit le montant que vous dépensiez sur un système de contrôle de trafic automatique, un bon système ne fonctionne que sur des bonnes routes. Une fois que vos routes sont en place et que le trafic peut aller dans différentes directions, vous pouvez commencer à construire des voies rapides.

Cela peut sembler insignifiant mais il y a tellement d'ingénieurs qui restent coincés à la base et doivent ainsi abattre du travail complémentaire. La portion de la base du laboratoire est de 60 à 70% de l'examen et, par conséquent, il vous faudra 30 à 40% de plus pour passer. Ces nombres varient selon la CCIE que vous choisissez et beaucoup de changements effectués par Cisco.

Votre force dans les technologies de base vous préparera également pour la résolution de problèmes qui pourraient survenir lors de l'examen de la CCIE.

Ce que nous avons fait (par Vivek)

Je me souviens très bien que j'ai terminé le laboratoire à temps lors de ma seconde tentative. Seul un angle du réseau (un routeur) ne formait pas d'adjacences voisines. Je pensais que c'était une tâche avec un très petit nombre de points et tout le reste fonctionnait, je l'ai donc laissé pour la fin. Au final, j'étais convaincu que au moins 90 points fonctionnaient. Je n'ai pas pris la peine de corriger cela. A ma grande surprise, j'ai échoué. J'étais extrêmement déçu. J'ai pensé à tous les scenarios à maintes reprises et c'était la seule raison à laquelle je pouvais penser qui pouvait m'avoir fait échoué. Pas besoin de dire que j'étais dorénavant très vigilent dans toutes mes tâches.

A partir de ce moment, pour tout examen de laboratoire que j'ai passé et réussi, je savais que j'avais complété la base à 100% correctement.

CHAPITRE 25 : SAUTER DANS LE BASSIN

Faites les laboratoires si ce sont de vrais laboratoires.

Quand les astronautes veulent s'exercer à leurs activités en pesanteur, ils enfilent leur combinaison spatiale spéciale et sautent dans un bassin personnalisé. Cette piscine simule la gravité et possède une réplique exacte de l'objet sur lequel ils doivent travailler. Les astronautes utilisent des outils réels et simulent le travail qu'ils feraient dans l'espace. Ils répètent différents scénarios pendant des mois. Cette simulation et un travail ardent qui rend le véritable travail dans l'espace, à quelques centaines de kilomètres heures, une répétition de ce qu'ils ont fait une douzaine de fois auparavant. Les simulations peuvent vous faire réussir dans le laboratoire de la CCIE également.

Dans notre expérience, les ingénieurs commencent à faire leurs laboratoires un par un, selon leur manuel, ce qui est la manière de faire au départ. En revanche, après avoir complété les premiers six ou sept exercices de huit heures, **effectuez les prochains laboratoires comme s'ils étaient réels ; c'est-à-dire terminez en une seule fois.** Gardez à l'esprit que si c'est votre première fois à tenter l'examen pratique, cela pourra vous prendre le double de temps, si ce n'est plus. Vous pourrez vous sentir dépassé mais n'abandonnez pas ; c'est une partie cruciale du processus.

Dans notre travail, nous n'avons pas l'habitude de rester assis huit heures d'affiliée en ce concentrant sur la même tâche. **Le laboratoire de la CCIE requiert une attention ultra précise, une concentration intégrale et un état d'alerte permanent pendant huit heures.** Vous devez maîtriser ses techniques afin de penser vite, de résoudre des problèmes, de configurer et de valider si les configurations fonctionnent comme le laboratoire le demande. Vous devez vérifier, après toute section majeure, que vos configurations les plus récentes n'ont pas détruit les précédentes. Vous devez être capable de construire et réparer un réseau qui vous est entièrement étranger en très peu de temps. Il n'existe pas d'aide extérieure à part votre propre cerveau et la documentation Cisco.

Essayez ceci : sélectionnez l'un des exercices de huit heures que vous avez complété récemment et chronométrez-vous du début à la fin. Cela vous donnera une bonne idée de votre rapidité et de votre capacité à vous concentrer. Ne soyez pas frustré si cela vous prend plus de dix heures. Le seul fait que vous soyez capable de terminer un exercice en dix heures est déjà un exploit. Si vous êtes capable de terminer un exercice en cinq ou six heures, vous êtes en très bonne voie. Vous pouvez même planifier le passage de l'examen très bientôt.

Ce que nous avons fait (par Vivek)

Après avoir complété tous les laboratoires courts, j'[Vivek] ai commencé à travailler sur les laboratoires de huit heures. En quelques semaines, j'avais l'impression de pouvoir en terminer un. J'ai ensuite programmé la location d'un râtelier chez une société qui louait de l'équipement de physique. Tout comme les astronautes utilisaient leur bassin, j'avais maintenant mon propre bassin. Ma femme a choisi un exercice de laboratoire au hasard et je l'ai commencé à huit heures du matin. C'était mon premier exercice dans un environnement de non-simulation. J'étais un peu nerveux car je considérais cet exercice comme le véritable examen.

Les trois premières heures se sont déroulées parfaitement. A chaque fois que je terminais une question, je notais mon temps sur la feuille du laboratoire que j'avais imprimée ainsi que mon score. Après la quatrième heure, j'ai ralenti car les choses n'avançaient pas comme prévues. A la fin de la quatrième heure, c'était l'heure du déjeuner et j'ai rechargé tous mes routeurs.

Après le déjeuner, mon serveur ne fonctionnait pas correctement. Une simple vérification m'a permis de réaliser que je n'avais pas sauvegardé la configuration sur l'un des routeurs. Il fallait que je réfléchisse à ce qui me manquait, ce qui m'a pris quarante-cinq minutes. Je travaillais maintenant sous pression et plus vite pour terminer le projet dans les temps, et ainsi commis de nouvelles erreurs. A la sixième heure, je tapais les commandes d'un routeur sur un autre, etc. C'était un énorme échec. Tout a arrêté de fonctionner et je n'ai pas eu le temps de terminer en dix heures et demie, le temps que j'avais loué le rack. C'était très décevant mais m'a permis d'ouvrir les yeux. Ce jour-là, ma confiance dans la réussite de l'examen pratique de la CCIE est passée de 80% à 30%.

J'ai tenté le même exercice deux jours plus tard. Cette fois, j'ai sauvegardé la configuration régulièrement mais à la sixième heure, j'ai à nouveau rencontré des difficultés et j'étais perplexe. Je n'ai pas pu terminer l'exercice en dix heures et demie non plus. Je progressais mais n'étais absolument pas prêt.

Pendant que j'effectuais ces travaux, je faisais des fautes de frappe, et après trois heures, je n'arrivais plus à me concentrer. Je n'arrivais, par exemple, pas à résoudre un problème et j'ai finalement réalisé que j'avais passé quarante-cinq minutes sur le mauvais appareil. J'ai dû enlever toutes les mauvaises configurations, corriger mes erreurs, et retaper toute cette section à nouveau sur le bon routeur.

J'essayais encore et encore, et échouais à chaque fois. C'était quasiment impossible de continuer. Après ma sixième tentative, quelque chose s'est produit. Tout a simplement changé. J'étais mieux concentré et au final, j'ai terminé l'exercice sans erreur trois heures plus tard. J'avais presque terminé la redistribution avant le déjeuner. Quand j'avais des problèmes, je consultais la consultation Cisco et je continuais. J'ai enfin terminé l'exercice, compté mes points et totalisé 85 points sur 100 en dix heures. J'étais deux heures au-dessus de la limite mais j'étais ravi parce que quelque chose en moi me disait que j'étais proche du but et que ça se passait en douceur. Les problèmes que j'avais étaient dus à mon interprétation des questions et à ma compréhension de la technologie. C'était une expérience surréelle où je me coupais du monde en m'immergeant dans mon travail. J'ai répété ce processus encore et encore pour différents exercices jusqu'à ce que je sois enfin prêt pour le test final. En revanche, ai-je réussi à la première tentative ? Vous connaissez la réponse.

CHAPITRE 26 : ATTENDEZ-VOUS A L'OMISSION DE DETAILS

Vous pourriez oublier 5 à 7%.

Sachez qu'il y a une grande chance que vous ne soyez pas capables de compléter toutes les tâches du véritable laboratoire. Ce n'est pas forcément dû au manque de temps mais plutôt à la nature de l'examen du laboratoire. Les sujets pour les technologies et leurs fonctions sont très vastes et compliqués à comprendre dans une courte période de temps. D'où la raison de ce chapitre. Peu importe à quel point nous avons essayé, il y avait des portions du laboratoire qui avaient un petit nombre de points que nous ne pouvions tenter même si nous avions trente minutes à perdre. Bien que nous sachions comment chercher dans la documentation Cisco dans le laboratoire (manuellement), nous ne pouvions pas toujours trouver des réponses utiles. Si cela vous arrive, pas de panique. Faites en sorte que vos technologies de base fonctionnent correctement. **Faites un décompte de vos points à chaque fois que vous complétez une tâche.** Clarifiez avec votre responsable si vous obtenez des points pour une tâche qui fonctionne partiellement. Si une tâche possède trois parties, A, B et C et seules A et B fonctionnent, aurez-vous un crédit pour A et B ou aurez-vous un crédit seulement si les trois fonctionnent ? Pour nous c'était tout ou rien. Soit vous aviez un crédit pour A, B ou C, soit vous n'aviez pas de crédit du tout.

Lisez l'examen de laboratoire de CCIE car les réponses à ces questions pourraient se trouver ici.

Bien que le nombre de points requis pour réussir l'examen pourrait être un peu inférieur à 90%, vous devriez viser 90 à 95% si possible. Cela englobera toute erreur ou omission qui pourrait se produire sans que vous le sachiez.

Cisco fait un excellent travail avec la mise à jour des examens de laboratoire avec les technologies actuelles et les laboratoires continuent d'évoluer. Lisez bien les règles longtemps à l'avance afin d'être au courant de tous les derniers changements.

Pratiquez vos compétences de navigation pour rechercher manuellement la documentation Cisco d'une technologie particulière. Cette pratique pourra vous donner une avance de 5 à 10% sur le laboratoire de la CCIE. Croyez-moi, 5 à 10% est crucial et pourra peut-être faire la différence entre obtenir la certification ou pas. Apprenez les outils de documentation car votre passage en dépend.

Ce que nous avons fait *(par Vivek)*

Quand j'$^{(Vivek)}$ ai passé mon examen de laboratoire, je contrôlais mes points automatiquement. Dans mon décompte, je comptais les points dont j'étais certain dans une première colonne et ceux dont j'étais moins sûr dans une seconde colonne. La seconde colonne était celle qui contribuerait à mon échec. Les points dont je n'étais pas sûr voulaient dire que je devais travailler ces technologies encore plus dures. Dans presque tous les laboratoires, je ne pouvais compléter une petite portion parce que je ne connaissais pas la réponse ou/et que je ne pouvais pas la trouver dans la documentation Cisco. Il arrivait que je trouvais la réponse dans la documentation mais c'était rare.

CHAPITRE 27 : QUOI FAIRE LES TROIS DERNIERS MOIS, SEMAINES & JOURS

Préparer vos mouvements

Une fois à ce chapitre, vous devriez avoir une bonne idée sur votre manière d'étudier pour le laboratoire de la CCIE. Cette information est parsemée dans les chapitres précédents mais nous voulions regrouper le tout au même endroit.

Nous avons suggéré cinq calendriers d'études au chapitre 37 pour votre référence. Bien que chaque calendrier corresponde à un rythme différent, il existe certaines choses à faire pour vous assurer la réussite.

Les trois derniers mois de préparation doivent être passés de préférence à compléter les laboratoires de huit heures. Terminez-les en partie au début puis montez en puissance. Au final, la plupart devraient être terminés en huit heures pour consolider votre concentration et votre endurance. Vous passerez du temps à rechercher des références pour des tâches que vous aurez oubliées pendant vos études. A ce niveau, vous pourrez trouver plusieurs manières d'accomplir une certaine tâche. S'il existe une technologie dont vous n'êtes pas sûr à 100%, c'est le moment de la comprendre.

Une bonne manière est de voir comment les questions de cette technologie ont été phrasées dans les derniers dix à quinze laboratoires. Cela vous donnera une très bonne idée de la variation des questions sur cette technologie spécifique. Faire une rétrospective des laboratoires courts est toujours une bonne idée.

Les **trois dernières semaines,** vous devriez ne faire que des laboratoires complets pour augmenter votre rapidité et votre concentration. A ce moment, vous devriez déjà être à ce stade et vous ne faites que les polir et les maintenir. Vous devriez penser ces trois dernières semaines comme les répétitions finales (voir chapitre 25 « Sauter dans le bassin »).

Une semaine avant l'examen, vous devriez effectuer une dernière révision. Vous aurez plein de temps pour réviser puisque vous aurez déjà lu tous les sujets. Planifiez et donnez-vous deux à trois jours pour réviser systématiquement. Divisez votre étude en deux ou trois parties, et parcourez toutes les technologies en détail. Puisque vous avez déjà lu et configuré ces technologies, vous survolerez le tout et votre journée de révision se terminera en quatre heures. Revenez en arrière et révisez lentement, faites attention aux détails. Il est préférable de ne pas apprendre une nouvelle technologie à ce niveau.

N'écoutez pas les histoires horribles des autres qui pourraient avancer des propos tels que « le laboratoire était difficile », « c'était impossible de terminer », « j'ai tout lu et il existe encore des sujets que je ne connais pas », etc. Elles vous distrairont et ajouteront à votre peur de l'inconnu. **Ayez foi et confiance en votre plan d'étude.**

Le jour avant l'examen, vous devriez uniquement vous relaxer (voir chapitre 29 « Sortie dans l'espace »). Votre esprit a ingéré tellement d'information qu'il sera toujours à vitesse maximale. Quand je ^(Vivek) me suis présenté à l'examen la première fois, je me suis donné plusieurs sujets à lire. Je n'étais pas capable de dormir correctement et j'étais réveillé avant mon réveil. J'ai fait en sorte de corriger la fois d'après.

CHAPITRE 28 : TIR RAPIDE

Programmez votre laboratoire à une date proche de vos partenaires

Votre partenaire et vous devriez programmer vos dates de laboratoire proches l'une de l'autre, au même endroit. Une date proche de celle de votre partenaire vous permettra de vous soutenir. Cela ne veut pas dire que vous devez parler de vos questions de laboratoire.

Dans notre expérience, nous avons remarqué qu'une fois la date de laboratoire de la CCIE planifiée, vous commencez à travailler plus dur et plus intensément. **Vous devez tous les deux être au même niveau d'intensité** pour un partenariat réussi. Le partenaire B qui passera le laboratoire plus tard peut maintenant avoir un rôle de soutien au partenaire A pour assurer sa réussite. Une fois que le partenaire A est de retour du laboratoire, tentez d'inverser les rôles, ce qui fonctionne bien.

Dans le cas où vous n'avez pas réussi, vous devez renforcer vos faiblesses et demander de l'aide à votre partenaire. Ce processus vous aidera tous les deux car vous pourriez avoir oublié ou mal compris certains points au niveau de la technologie ou de la manière dont les questions sont posées.

Après la première tentative de laboratoire, vous savez maintenant que c'est possible et que vous êtes passé par le premier obstacle. Il est maintenant important de **maintenir votre élan de préparation et de niveau d'énergie**. Ceci permet d'avancer harmonieusement.

Ce que nous avons fait *(par Vivek)*

Nous avons passé notre laboratoire chacun à notre tour. Nous avons également tenté l'un des examens le même jour. Pour la CCIE Routage et Commutation, Vivek a tenté le laboratoire en premier, tandis que Dean a d'abord tenté sa CCIE Fournisseur de Services.

Je ^(Vivek) me souviens très bien que quand Dean a passé sa seconde CCIE avant moi, il est venu à la maison pour me soutenir dans mes derniers préparatifs. Comme d'habitude, nous avons discuté de nombreux sujets mais il était très prudent et parlait de manière très précise. J'ai compris et respecté le fait que nous avions tous les deux signé un accord de confidentialité.

**** ATTENTION ****

Ne parlez à personne des détails du laboratoire que vous venez de tenter. Révéler toute information sur le laboratoire est contre les règles de Cisco ainsi que l'accord que vous avez signé et accepté.

Cela impliquera l'annulation ou/et la révocation de votre certification CCIE si vous en avez déjà une. Les candidats pourraient être interdits de passer l'examen dans le futur s'ils ont violé l'accord de confidentialité. Vous pouvez trouver les détails les plus récents à propos de ces règles en contactant Cisco ou en visitant son site internet.

**** ATTENTION ****

CHAPITRE 29 : SORTIE DANS L'ESPACE

Jour d'examen

Arrivez au moins dix à quinze minutes en avance le jour de l'examen. Donnez-vous assez de temps en cas d'embouteillages ou de retards inattendus. Si vous vous sentez d'attaque, discutez avec les candidats qui attendent avec vous. Souvenez-vous que tout le monde est nerveux et anxieux. **Ecoutez le responsable de laboratoire attentivement.** Il vous donnera les informations logistiques sur leurs règles, leur établissement et surtout vous assigner un numéro de râtelier. Le numéro de râtelier doit être utilisé durant tout l'examen. Les instructions pour l'examen sont cruciales et doivent être suivies de manière précise. Si vous avez quelque question logistique, demandez au responsable. Nous insistons sur le fait, plus que jamais, que **vous devez garder le contrôle, restez calme et détendu.** Bien que vous soyez dans un environnement tendu, souvenez-vous que tous les efforts que vous avez fournis ces derniers mois sont pour ce moment précis. C'est la sortie dans l'espace que vous avez préparée.

Quand l'examen commence, suivez votre temps de la manière qui vous convient le mieux. Ne laissez pas les autres candidats vous distraire car vous êtes tous dans le même bateau (tendus et nerveux). Au début, certains pourraient taper rapidement tandis que d'autres pourraient se parler à eux-mêmes. Les responsables pourraient effectuer leur travail quotidien comme créer ou vérifier de nouveaux laboratoires. Ils pourraient de temps en temps apporter des appareils (pour leurs laboratoires), ce qui pourrait vous distraire. Vous devez vous concentrer sur votre tâche et ne pas faire attention à ce qui vous entoure. Lisez les instructions du laboratoire du début à la fin. N'essayez pas d'y répondre, lisez uniquement. L'objectif est de combiner des activités qui pourront vous faire gagner du temps. Si vous devez par exemple activer un protocole de routage dans une tâche du laboratoire et changer les paramètres du protocole dans une autre partie puis l'authentifier ailleurs, c'est une bonne idée de compléter ces tâches d'un seul coup. Encore une fois, ce n'est pas une règle mais un conseil. Certains ingénieurs pensent que l'authentification doit être effectuée à la fin uniquement.

Dessinez un diagramme de votre réseau avec au moins les numéros d'interface et les adresses IP. Cela ne devrait pas prendre plus de deux ou trois minutes. Ce petit investissement de temps sera très utile tandis que vous deviendrez très familier avec le réseau avec lequel vous travaillerez pour les prochaines heures. Gardez en tête que ces pages seront récupérées par votre responsable quand vous aurez terminé votre examen.

Utilisez différentes couleurs pour différents protocoles et des limites sur le nouveau diagramme. Cela vous aidera à voir une vue d'ensemble dont vous avez besoin pour avoir une redistribution régulière entre les protocoles. Vous pourriez avoir besoin de dessiner plus d'un diagramme. Tout dépend de ce qui vous met le plus à l'aise.

C'est une bonne idée de vérifier chaque tâche et de décompter les points que vous avez complétés au fur et à mesure. Une fois que la base du réseau est établie, validez votre réseau de base. Vous pourriez envisager un balayage Ping à travers le réseau. Vérifiez que tout le réseau est accessible à chaque fois que vous terminez une tâche majeure.

Quand vous arrivez à la pause déjeuner, **sauvegardez vos configurations et redémarrez vos routeurs.** C'est une bonne initiative car vous effacerez toute configuration résiduelle qui pourrait vous affecter et pourrez vérifier que tout ce que vous avez configuré survit à un redémarrage.

Selon la voie de CCIE que vous suivez, vous pourriez avoir différentes sections, comme la résolution de problèmes et le laboratoire en tant que tel. Idéalement, vous devriez terminer avec assez de temps pour vérifier votre laboratoire en détails. Ménagez-vous en conséquence. N'effectuez pas de changements dans les trente à soixante minutes sans réfléchir. **Des changements soudains pourraient détruire le laboratoire.** C'est également le moment de supprimer tous les alias et les scripts que vous pourriez avoir utilisés pour vous aider pendant l'examen.

Ce que nous avons fait (par Dean)

- Fait de multiples diagrammes
- Utilisé des crayons de multiples couleurs
- Gardé le fichier d'alias dans un bloc-notes afin d'utiliser No Command pour le retirer.
- Certaines personnes gardent toutes les configurations basiques pour tous les routeurs.
- Nous avons rechargé nos appareils au moins deux fois pendant l'examen (au déjeuner et à la fin) et nous sommes assurés d'avoir sauvegardé nos configurations avant chaque redémarrage.

- Gardé une liste des scripts Ping dans un bloc-notes et l'avons exécutée après l'achèvement de la tâche.

CHAPITRE 30 : L'HEURE APRES L'ATTERRISSAGE

Vous venez de terminer l'examen ; après huit longues heures, vous avez maintenant vu l'examen réel et vous pouvez vous évaluer. Peu importe ce que vous pensez avoir fait ou ce que vous ressentez, vous devriez mettre vos émotions de côté et réfléchir sur votre expérience. Asseyez-vous dans un endroit calme et prenez des notes mentales à propos de ce que vous avez fait et comment vous pouvez vous améliorer. C'est crucial pour votre succès. Ces notes cruciales deviendront importantes plus tard. **Nous vous recommandons de ne pas encore rallumer votre téléphone portable.** Prenez vos notes mentalement et/ou sur papier avant de parler à votre famille et à vos amis.

Puisqu'il se passe tellement de choses dans nos têtes et que nous pouvons oublier des détails, **nous avons toujours du papier et un stylo à disposition.** Ecrivez tout ce qui vous vient à l'esprit tout le temps ; cela nous aide à retenir les choses et pourrait vous aider également.

**** ATTENTION ****

Ne parlez à personne des détails du laboratoire que vous venez de tenter. Révéler toute information sur le laboratoire est contre les règles de Cisco ainsi que l'accord que vous avez signé et accepté. Cela impliquera l'annulation ou/et la révocation de votre certification CCIE si vous en avez déjà une. Les candidats pourraient être interdits de passer l'examen dans le futur s'ils ont violé l'accord de confidentialité. Vous pouvez trouver les détails les plus récents à propos de ces règles en contactant Cisco ou en visitant son site internet.

**** ATTENTION ****

Il arrive que la solution à un problème se présente de la manière la plus inhabituelle. Quand nous avons interviewé des titulaires de CCIE pour ce livre, un ingénieur m'(Dean) a dit que deux mois après son examen, il trouva la solution à un problème lors d'un diner avec sa famille. Cette expérience ne vous quitte jamais. Il en est de même pour les notes que vous aurez prises.

Comptez vos points et voyez si vous avez réussi le laboratoire. De nombreux candidats ont l'impression d'avoir réussi et commencent à célébrer leur victoire. Ce sont ceux qui sont les plus surpris de se rendre compte qu'ils ont échoué. Ce n'est pas parce que vous avez fini l'examen que vous avez suivi toutes les lignes directrices ou évité toutes les failles. Un candidat peut avoir configuré le laboratoire mais ne pas avoir réalisé que la question lui demandait de le faire de manière différente.

Ce que nous avons fait (par Dean)

Après avoir terminé l'examen, il est impératif de réfléchir et de s'évaluer sans distraction. J'ai donc passé une heure dans le parking et pris des notes dans ma tête. J'ai également écrit tout ce qui me venait à l'esprit dont la manière de faire différemment la prochaine fois en cas d'échec. J'ai réalisé que les notes mentales et mon plan d'action seraient pratiques, surtout quand on obtient les résultats officiels. Le plan d'action comprenait l'enregistrement immédiat pour l'examen du mois d'après (en cas d'échec), ainsi que les exercices sur lesquels je devais particulièrement me concentrer.

CHAPITRE 31 : LA SECONDE TENTATIVE EST COURANTE

La majorité des titulaires de CCIE ont échoué au moins une fois

Demandez à n'importe quel titulaire de CCIE combien de fois il leur a fallu pour réussir le laboratoire et vous pourriez constater quelques hésitations. Demandez-leur s'il leur a fallu plus d'une tentative et vous aurez une réponse affirmative la plupart du temps. La majorité ont tenté l'examen à plusieurs reprises. Je ^(Dean) vous ai déjà dit au chapitre 4 que c'était difficile mais pas impossible. La première tentative vous permet de tâter le terrain et vous donne la confiance dont vous avez besoin. Cela vous permet aussi de réaliser que ce n'est pas comme tout autre examen que vous avez passé jusqu'à présent. C'est très différent et vous devez non seulement connaître les technologies, mais aussi avoir la capacité de les appliquer.

Les tentatives multiples sont des cicatrices de combat dont vous devez être fier. A la fin, personne ne vous demande (à part ceux qui veulent obtenir la CCIE) combien de fois vous avez dû la tenter. **Tout ce qui compte est votre numéro et la connaissance que vous avez gagnée.** Votre CCIE vous catapultera vers une ligue supérieure et vous savez que vous le méritez.

Ce que nous avons fait (par Dean)

Oui, nous avons tous les deux réussi notre CCIE après plusieurs tentatives. J'ai vu beaucoup de collègues l'obtenir après leur troisième, quatrième ou même cinquième. Certains ont réussi la première fois mais ils sont en minorité. L'échec fait partie de la CCIE et vous devez l'accepter. Continuez d'aller de l'avant et vous obtiendrez votre numéro CCIE.

CHAPITRE 32 : AUTO-ALIGNEMENT

Si vous échouez --- secouez-vous

Tout d'abord, soyez fier du chemin parcouru. Seuls quelques ingénieurs iront aussi loin et se lanceront dans un défi de la sorte. Si vous avez passé l'examen en semaine, vous aurez vraisemblablement les résultats le soir même ou le lendemain. Si vous avez passé l'examen un vendredi, vous devrez sans doute attendre dimanche soir ou lundi pour connaître les résultats. Quand vous aurez tenté le laboratoire, vous risquerez d'avoir l'une de ces trois réactions :

1) Vous pourriez penser que vous avez fait du bon travail et être sûr d'avoir réussi. (c'est un sentiment agréable, mais le plus dur à vous remettre vous ne réussissez pas).

2) Vous pourriez avoir des sentiments partagés et vous donner une chance de réussir.

3) Vous savez que vous n'avez pas fait du bon travail et que vous avez échoué.

Si vous avez réussi, FELICITATIONS, VOUS AVEZ REUSSI ! Vous pouvez sauter le reste de ce chapitre et aller directement au Chapitre 36 « De l'ordinaire à l'extraordinaire ».

Si vous n'avez pas réussi, n'oubliez pas que **l'échec fait parti du processus. C'est le prix du succès** que vous êtes prêt à payer, peu importe le nombre de tentatives.

Réussir la CCIE à la première tentative est une possibilité. C'est ce que nous souhaitons tous. En revanche, c'est statistiquement peu probable. Dans notre expérience combinée de plus de trente ans et après avoir rencontré d'innombrables ingénieurs, nous pouvons compter sur les doigts de la main les ingénieurs qui ont réussi leur CCIE à la première tentative. En réalité, une fois que vous aurez passé le laboratoire, vous n'aurez sans doute plus besoin de revivre cette expérience, sauf si vous désirez passer une seconde CCIE ou, rarement, vous ne renouvelez pas votre certification, ce qu'il faut faire tous les deux ans.

Ne laissez pas cet obstacle vous accabler, c'est naturel que vous vous sentiez frustré d'avoir investi des mois sans résultat solide mais vous devez garder votre numéro de CCIE en vue. Gardez le contrôle et continuez d'exécuter vos stratégies. Ne pensez même pas à l'idée d'abandonner. Donnez-vous une pause de vingt-quatre heures et évaluez-vous objectivement. Trouvez les endroits à améliorer. Vous trouverez au plus profond de vous-même vos doutes, écrivez-les tous. Une fois écrits, vous verrez que vous pourrez les surpasser dans une très courte durée. Si d'autres ingénieurs ont réussi, vous le pouvez également.

Le problème est que nous sommes souvent trop durs avec nous-mêmes. **Ne soyez pas découragé, débarrassez-vous des pensées négatives** et pensez à la gloire, au respect et aux récompenses financières que vous aurez. Votre tentative vous a appris que le laboratoire n'est pas impossible et après cette expérience, vous vous sentirez puissant et prêt à l'utiliser à votre avantage.

Si vous parlez à d'autres ingénieurs, ou même aux responsables d'examen, vous entendrez toutes sortes d'histoires. Il y a des ingénieurs qui liront l'examen du laboratoire et quitteront la pièce au bout de quelques minutes. Certains sont tellement frustrés qu'ils essaieront de s'endormir dans leur siège car ils ne sauront pas ou quoi commencer. Maintenant que vous avez passé l'examen, vous comprenez pourquoi seuls quelques ingénieurs réussissent. Une fois que vous aurez obtenu votre certification, vous apprécierez les difficultés de cet examen et tout ce qui vient avec.

A ma surprise, quand j'[Dean] interviewais des candidats à la CCIE qui avaient échoué, beaucoup indiquaient que les réponses à certaines questions leurs venaient des jours ou même des semaines après l'examen. Cela pouvait se produire quand ils travaillaient sur un problème sans rapport ou même lors d'un dîner de famille.

Quand vous commencerez à revoir votre travail, vous pourrez vous rendre compte que certaines questions pouvaient se trouver dans les exercices. Comme vous avez pu vous en rendre compte à présent, le laboratoire de la CCIE n'est pas une épreuve de mémoire mais il s'agit de comprendre et d'appliquer une technologie pour résoudre des problèmes ou faire qu'un réseau réponde aux besoins de l'examen de laboratoire.

Le laboratoire ne ressemble à rien que vous avez pu voir dans un réseau de production. Les expériences gagnées dans les meilleures pratiques pourraient vous gêner dans votre tâche assignée et vous pourriez devoir être original. Vous ne ferez pas, par exemple, fonctionner quatre protocoles IGP (Interior Gateway Protocol) sur un seul routeur dans votre réseau d'entreprise.

Ce que nous avons fait (par Vivek)

Pour ma seconde tentative au laboratoire Routage et Commutation (ma première CCIE), j'étais content de moi. Je n'étais pas pressé par le temps et j'ai eu le temps de vérifier mon travail à la fin.

J'ai même relancé mes machines pour être sûr. J'ai décomptés mes points mais une petite partie ne fonctionnait pas. Je ne pensais pas que c'était grave. Après être sorti de l'examen, j'étais détendu et certain d'avoir réussi. J'ai même demandé au responsable s'il pouvait évaluer mon examen plus rapidement. Quand les résultats sont arrivés, j'étais déçu. J'avais échoué à cette tentative. Je savais que je n'étais pas loin et le score m'a montré que cette petite partie que je ne pouvais résoudre avait contribué à mon échec. Je savais qu'il fallait que je me ressaisisse et que j'aille de l'avant. J'étais à deux doigts d'obtenir ma CCIE et je me suis <u>immédiatement inscrit</u> à la prochaine date de laboratoire disponible. Je me suis promis que je ferais mieux et que je travaillerais encore plus dur. C'est faisable !

CHAPITRE 33 : LE PROCHAIN TOUR

Restez sur le qui-vive

Quand vous avez obtenu vos résultats de laboratoire à la CCIE, gardez les choses en perspective et essayez de trouver ce qui s'est mal passé. Donnez-vous une semaine par sujet que vous pensez avoir besoin de réviser ou ressasser.

Planifiez votre prochaine tentative à moins de quatre à huit semaines. C'est une leçon très importante que nous avons apprise à nos dépends. Quand vous sortez de votre tentative de laboratoire, prenez un à deux jours de repos puis retournez travailler. Ne perdez pas le rythme. Pensez à votre revers comme un tremplin. Le laboratoire de la CCIE est exactement comme décrit dans le chapitre 4, « la CCIE est difficile mais pas impossible ». Votre dur labeur vous a conduit aussi loin, alors continuez à travailler sur les technologies que vous ne maîtrisez pas complètement.

Il est important, encore une fois, d'insister sur le fait que ce livre est indépendant des différentes voies de certification. Chaque voie possède ses propres exigences pour l'examen et c'est à vous de bien comprendre votre voie. Confirmez sur le site de Cisco et suivez le guide de formation que vous avez acheté. Nous savons également, tandis que nous écrivons ce livre, que le format du laboratoire de CCIE Routage & Commutation est très différent du laboratoire Voix et Sécurité. Cependant, les stratégies de ce livre sont indépendantes et quand même applicables. Vous pouvez facilement les ajuster selon vos besoins.

Si vous n'avez pas eu assez de temps lors de votre examen de laboratoire, prévoyez de finir au bout de sept heures pendant la pratique. Cela vous donnera une heure de plus pendant le véritable examen pour vérifier vos résultats. En deux semaines, vous devriez pouvoir estimer le de temps dont vous avez besoin pour maîtriser les technologies que vous pensiez pouvoir améliorer. **Au bout de deux semaines, évaluez-vous et voyez si vous êtes prêt pour repasser l'examen.** Commencez à chercher une date et réservez la première disponible quatre à six semaines plus tard (puisque deux semaines se sont déjà écoulées). Dès que votre date est fixée, vous êtes en pilote automatique. Vous commencez à étudier de longues heures et à penser aux technologies, aux laboratoires et aux problèmes que vous rencontrez. Si vous continuez de faire cela en dormant, vous êtes prêt. Les tâches qui semblaient difficiles la dernière fois sembleront plus simples. Puisque vous avez expérimenté le laboratoire une fois, vous serez mieux concentré.

Les erreurs d'inattention qui avaient causé votre deuil seront maintenant minuscules. En résumé, vous bourdonnerez comme un moteur en parfait état de marche. Ce qui était auparavant un marathon semblera maintenant être une autre course.

Ce que nous avons fait *(par Vivek)*

J'(Vivek) ai fait l'erreur de m'accorder une longue pause. Quand j'ai échoué ma première tentative à la CCIE, j'ai pris deux semaines de repos et j'ai recommencé lentement à étudier. A cette époque, je n'étudiais pas avec Dean. J'ai fait traîner les choses et j'ai réalisé que je commençais à oublier. Je n'arrivais pas à me concentrer pendant huit heures dans le laboratoire. Mes fautes de frappe commençaient à augmenter et je trainais les pieds. C'est à ce moment que Dean m'a aidé à me ressaisir et notre partenariat a ainsi commencé. Dean m'a encouragé à fixer une date de laboratoire. Si j'avais attendu plus longtemps, ou si Dean ne m'avait pas encouragé, je ne serais pas en train d'écrire ce livre. Je l'achèterais.

CHAPITRE 34 : A FAIRE

Ce chapitre englobe toutes ces petites choses qui peuvent sembler insignifiantes mais qui sont extrêmement bénéfiques.

1. Apprenez à passer d'un IOS Cisco à un autre. En fonction de la CCIE que vous tentez, vous pourriez devoir alterner entre les machines qui ont IOS, IOS XE, IOS XR, NX-OS, etc.

   a. La configuration d'une RD (Route Distinguisher) dans IOS est différente de IOS-XR.

   b. Le "wr mem" dans certaines versions de IOS-XR est équivalent à commettre (soyez vigilent).

   c. Il n'existe pas d'interface Ethernet rapide ou Gigabit dans NX-OS. Elles sont simplement Ethernet.

2. Le temps de redémarrage est différent selon les plateformes. Soyez conscient de cela.

3. L'utilisation de "?" est votre amie et votre ennemie en même temps. Si vous utilisez l'aide "?" pendant la partie de base du laboratoire, cela veut souvent dire que vous avez besoin de plus de pratique. Les candidats essaient en général de saisir un minimum. « wr » par exemple pour sauvegarder une configuration et « swi po ac » (switch port access). L'utilisation de « ? » est une perte de temps.

4. Utilisez l'aide "?" vers la fin, quand vous essayez d'aller vers différents niveaux d'un groupe de commande particulier et que vous cherchez les options disponibles.

5. L'utilisation de la commande alias. Beaucoup d'ingénieurs comme nous qui font beaucoup d'erreurs de saisie et veulent gagner du temps font une liste raisonnable d'alias à utiliser en laboratoire. Nous sommes mauvais en saisie donc nous avons créé les alias suivants pour le laboratoire Routage et Commutation.

   a. s = affichage de l'interface
   b. c = configuration de t
   c. sir = affichage de la route ip
   d. sion = affichage des voisins ip ospf
   e. sioi = affichage de l'ip ospf
   f. sien = affichage des voisins ip eigrp
   g. sib = affichage de l'ip bgp
   h. sibs = affichage du sommaire de l'ip bgp
   i. sri = afficher run | include
      - le réseau eg. sri affichera tous les états de réseau
   j. srb = sh run | begin

- eg. srb bgp affichera la configuration bgp.

6. Veillez à retirer toutes les commandes d'alias après avoir terminé le laboratoire. J'$^{(Vivek)}$ étais habitué à noter toutes les commandes d'alias dans un bloc-notes et avais l'option Supprimer prêtre avec une commande « non » devant.

7. Cela vous aidera également d'aller dans les configurations initiales de vos appareils. Vous remarquerez les erreurs et aurez une idée générale de la configuration du laboratoire au départ. Je sais que certains ingénieurs recommandent la sauvegarde des configurations initiales dans un fichier avant de commencer. Dean l'a fait mais pas moi.

8. Aujourd'hui, tout le monde utilise DYNAMIPS ou GNS3 pour la simulation de laboratoire à des fins pratiques. C'est bien pour s'exercer mais travaillez sur des vraies machines également. Travailler sur une vraie machine est une sensation différente. Vous pourriez remarquer par exemple la différence dans le temps quand vous faîtes un « wr mem » ou pendant les relances. Beaucoup de fonctions spécifiques de matériel informatique ne peuvent être testées que sur de vrais appareils.

9. Veillez à visiter les forums et groupes de soutien de votre fournisseur de livres de laboratoire. Beaucoup de réponses à vos questions se trouvent dans les annonces des autres membres.

10. Si vous préférez rejoindre des listes de diffusion ou d'autres sites internet de CCIE, faites-le mais ne vous laissez pas influencer par tous les différents scénarios que les gens placent. Quelques fois, une simple technologie, comme la discordance de mode duplex, peut se prolonger et de nombreuses questions peuvent être posées. Chaque personne possède son propre style d'apprentissage et je n'avance pas que ce que les gens publient est faux. Certaines conversations sont informatives et pourraient vous aider dans votre examen. En revanche, si votre temps est limité, savoir tous les tenants et aboutissants de la négociation de la vitesse automatique et duplexe jusqu'au nombre de voltages n'est pas recommandé.

11. Utilisez le même terminal émulateur (HYPERTERM, PUTTY, SECURECRT, etc.) que dans le laboratoire quand vous passez l'examen.

Les choses non-techniques à faire.

1. Si vous êtes sensible à la température de la pièce, mettez une veste. Vous serez assis pendant huit heures et vous pourriez commencer à avoir froid.

2. Habituez-vous à rester assis pendant huit heures.

3. Trouvez à quelle heure le laboratoire commence. Je dis cela parce que vous pouvez choisir le lieu de l'examen tôt le matin ou tard le soir.

4. Décidez quand vous étudierez pour une voie de CCIE particulière et annoncez-le. J'ai vu des ingénieurs cacher cette information. Ne faites pas cela. Dès que vous l'annoncerez à la terre entière, votre esprit s'engagera et commencera à travailler pour réussir. Dans notre cas, nos amis et notre famille étaient prêts à aider. Nous avons reçu beaucoup de soutien sous toutes formes, de l'aide technique sur des sujets spécifiques, et de bons conseils comme ceux de ce livre.

5. Etirez vos limites, soyez mal à l'aise et sortez de votre zone de confort. C'est seulement à ce moment que de nouvelles portes s'ouvriront et que de nouvelles opportunités se présenteront.

6. La résolution de problèmes est à la fois une science et un art. La partie science est la logique utilisée pour se perfectionner dans les zones difficiles et la partie art est pour atteindre la cause la plus probable sans passer par tous les scénarios.

7. Veillez à étudier dans un environnement confortable. J'entends par environnement bon éclairage, bonne température, mobilier ergonomique et autres articles tels café, thé, papier, imprimante, stylos, tableau Velleda, etc.

CHAPITRE 35 : A NE PAS FAIRE

Ce chapitre englobe toutes ces petites choses qui pourraient ralentir votre progrès.

1. C'est facile d'être habitué à plusieurs moniteurs sur un ordinateur mais ce n'est pas la même chose en laboratoire. Vous devez vérifier le matériel du terminal du laboratoire en accédant au site internet de Cisco ou en leur demandant car les choses changent rapidement.

2. Il en est de même pour le clavier. Utilisez un clavier générique standard. J'$^{(Vivek)}$ ai eu ce problème quand j'ai passé mon premier laboratoire. J'utilisais un clavier fantaisie incurvé Logitech. J'avais un clavier générique standard à l'examen, ce qui m'a considérablement ralenti car j'étais habitué aux touches ctrl + shift + 6 sur mon clavier spécial.

3. N'utilisez pas toujours RACK1 dans vos laboratoires personnels. N'arrêtez pas d'alterner avec RACK7 ou autres parce que vous ne savez pas quel numéro de râtelier vous aurez pendant l'examen. Cela vous habituera à saisir RACK et les numéros 5 ou 8 qui sont au milieu du clavier et un tout petit peu moins évidents comparés à RACK 1.

4. Des numéros de râteliers à deux chiffres ne sont pas évidents non plus donc entraînez vous également avec RACK15 ou RACK18.

5. Décidez si vous allez choisir des onglets ou de multiples fenêtres lors de vos sessions. Pour mon laboratoire Routage et Commutation j'ai utilisé deux fenêtres, une pour les routeurs et une pour les commutations. J'utilisais la technique « ctrl+shift+6 x » pour passer d'un appareil à un autre sur une fenêtre. Pour mon laboratoire Fournisseur de Services, tous les appareils étaient ouverts sur différentes fenêtres individuelles. Aucune de ces approches n'est bonne ou mauvaise, choisissez selon votre préférence individuelle.

6. Vérifiez que le terminal émulateur dans le vrai laboratoire utilise des fenêtres à onglets. Validez également quel émulateur est utilisé ou utilisant PUTTY ou SECURECRT ou autre par exemple. Vous devriez vous familiariser avec leurs fonctions (dans le cas de futurs changements). Le presse-papier pourrait par exemple contenir certaines informations que vous avez sélectionnées d'une autre fenêtre et en cliquant droit, vous collez ce contenu sur votre routeur et

du coup effectuez des changements par erreur. Vous n'avez pas le luxe du temps.

7. Comme nous vous l'avons dit dans ce livre, ne discutez pas des détails de votre laboratoire avec qui que ce soit. Ni en personne, ni en ligne, ni avec votre instructeur. Si vous divulguez quoi que ce soit, vous mettez vous-même et l'autre personne à risque. Consultez le site de Cisco pour les règles détaillées de la clause de confidentialité.

8. Ne participez pas à un séminaire puis tentez le laboratoire juste après. Dans notre expérience, cela a marché pour très peu d'individus. Un ami à moi a essayé cette méthode et après le séminaire, il s'est rendu compte à quel point il n'était pas prêt et avait besoin d'étudier. Si vous êtes préparé, suivez le séminaire à la fin de vos études, juste quelques semaines avant votre examen. Les séminaires n'apprennent souvent pas de nouveaux concepts. La plupart du temps, vous ferez des travaux pratiques uniquement.

9. Comme nous l'avons mentionné dans le chapitre 34 « A faire », c'est une bonne idée de joindre un groupe d'étude de la CCIE mais si vous trouvez des personnalités défaitistes

dans ces groupes, évitez-les. Vous n'avez pas besoin de cette énergie négative, elle vous ralentira. Si vous rejoignez un groupe d'étude surpeuplé, vous pourriez ne pas obtenir les réponses à vos questions. Certains groupes sont très bien pour la prise de contact et la création de liens. Si vous recherchez un bon partenaire d'étude, profitez de ces groupes pour le trouver. En résumé, utilisez-les comme un guide.

10. Dans notre expérience, deux ou au maximum trois est un bon nombre de partenaires. Faire partie d'un groupe de cinq ou plus ne marche pas bien. Il existe toujours des exceptions et notre conseil est uniquement basé sur notre expérience.

11. La méthode brutale. Vous allez passer le laboratoire cinq ou six fois et mémoriserez toutes les questions. Quand vous en serez au septième ou huitième laboratoire, vous réussirez. LA METHODE BRUTALE NE MARCHE PAS. Il n'existe pas de raccourcis pour réussir la CCIE et c'est pour cela qu'il n'en existe que très peu dans le monde.

CHAPITRE 36 : DE L'ORDINAIRE A L'EXTRAORDINAIRE

Le succès à la CCIE

Quand j'[Dean] ai obtenu ma CCIE, j'ai appelé mon chef pour lui dire ; il était tellement content mais je ne savais pas pourquoi. Il m'a dit qu'en même temps que j'ai reçu la notification que j'avais réussie, il a eu un email l'informant de la nouvelle (cela s'est produit car nous étions tous deux chez Cisco). Il a ajouté qu'il était fier d'avoir un individu aussi talentueux dans son équipe et que la certification était un processus difficile et ardu et que nous devions tous deux être félicités pour cet achèvement.

A partir de ce moment et ou que j'aille, dès que les gens savaient que j'étais titulaire de la CCIE, ils posaient toutes sortes de questions qui avaient ou pas rapport avec des problèmes liés à leur réseau. Dans une entreprise particulière, la direction m'a entièrement donné accès à son réseau pour résoudre un problème existant depuis un moment, alors que je rejoignais un ami pour un événement mondain. Gardez bien en tête que accès complet rime avec responsabilité, et la perception que vous savez tout et que vous pourrez résoudre tous les problèmes peut se présenter de temps en temps. Je n'étais pas habitué à cela de la part des clients, fournisseurs et même des directeurs. C'est un sentiment agréable mais ne pensez pas que vous savez tout.

Avoir la CCIE veut dire que vous pouvez trouver les réponses. La dernière chose à faire est d'avoir une mauvaise réputation et de perdre la face devant les clients.

Comme vous avez atteint votre but, vous devez vous récompenser. La montre, la moto ou la croisière en famille que vous avez visualisée au début de ce voyage sont maintenant une possibilité.

Vous aurez tellement de temps, surtout le soir et le week-end, que vous pourrez reconnecter avec votre famille et vos amis.

Beaucoup de sociétés, dont les partenaires de Cisco, facilitent et encouragent la poursuite de la CCIE. Elles pourraient même allouer de l'argent et autres récompenses pour les ingénieurs qui réussissent la CCIE. Cela signifie que certains ou même tous les coûts de votre examen pourraient être couverts par votre employeur.

Certains employeurs ajoutent votre qualification CCIE au répertoire de la société et vous pouvez utiliser le logo CCIE sur votre carte de visite. Suivez-bien les lignes directrices de Cisco pour imprimer le logo sur votre nouvelle carte de visite. Dean s'est rendu compte que pendant ses nombreuses années d'enseignement, la CCIE lui a donné une crédibilité instantanée car de nombreux ingénieurs comprennent ce qu'il a fallu pour atteindre ce niveau d'expertise.

Si vous voulez une compensation financière ou que vous pensez à relever de nouveaux défis, c'est le moment de fignoler votre curriculum vitae, de vous vendre et de rechercher des opportunités qui garderont vos talents affûtés. Si vous ne les utilisez pas, vous les perdrez donc tenez-vous au courant des dernières technologies et construisez un réseau personnel qui vous aidera dans vos efforts. Utilisez cette nouvelle popularité et ce succès pour améliorer votre carrière et explorer toutes les opportunités qui vous attendent.

Gardez en tête qu'être titulaire de la CCIE n'implique pas que vous deviez vous assoir et ne rien faire. Un apprentissage continu fait partie du processus, donc **cherchez toujours de nouvelles manières d'apprendre et d'évoluer ; ne stagnez pas.** Au bout de deux ans, vous devez certifier votre CCIE à nouveau en passant le test écrit pour la même voie ou une voie différente. La technologie évoluant sans arrêt, votre connaissance n'est valable que deux ans ; on attend de vous que vous soyez au courant et pertinent.

Ce que nous avons fait *(par Dean)*

Après avoir réfléchi à mon accomplissement et ce qu'il m'a fallu pour en arriver là, j'ai réalisé que mon second travail était terminé et que je pouvais retourner à ma « vie normale ». J'avais d'un seul coup trois à quatre heures de plus tous les soirs et l'intégralité de mon week-end libre. Comme j'avais l'habitude de tirer avantage de toute minute de la journée, j'ai décidé de sortir avec les enfants et la famille et de profiter de chaque minute de ce week-end avec eux. Je me suis acheté le cadeau que je désirais personnellement et j'ai acheté un cadeau CCIE au reste de la famille.

Quand j'enseigne, dès que les étudiants apprennent que j'ai une double CCIE, ils viennent me demander systématiquement comment ils peuvent également l'obtenir. C'est l'un des facteurs les plus importants qui nous a encouragés à écrire ce livre et à **vous offrir notre approche et de bons et honnêtes conseils.** Certaines personnes ne veulent pas que tout le monde ait la même chose. Elles pourraient ne plus être aussi fortes ou prestigieuses. Elles ne veulent pas perdre cette popularité et cette autorité qu'elles ont gagnées avec la CCIE. Vivek et moi pensons tous les deux que la certification CCIE change la vie et elle permettra à tout ingénieur d'apprécier la connaissance et le dur travail qu'elle a sollicité. Elle fera de vous une meilleure personne et ce que vous retenez de cette expérience profitera à votre entourage également. Un sage a dit un jour « L'amélioration du monde peut être accomplie grâce à des actes purs et bons ainsi qu'une conduite louable et transparente. »

Après avoir obtenu nos CCIE, nous continuions de rechercher les dernières technologies et acceptions des projets qui suscitaient notre intérêt.

Souvenez-vous d'utiliser les mêmes passions et la même dedicace au travail afin d' accomplir tous les buts de votre vie. Ce type de préparation et de dévouement vous donnera des pouvoirs et changera votre propre perspective de vous-même et de la vision qu'auront les autres de vous. Vous profiterez de vos récompenses pendant de nombreuses années.

CHAPITRE 37 : SUGGESTION DE CALENDRIERS POUR LA PREPARATION DE LA CCIE

Créez un plan de votre chemin vers le succès

Si vous lisez ce chapitre après avoir lu un ou deux autres chapitres de ce livre, vous ne pourriez pas comprendre clairement ce que nous suggérons de faire dans différentes parties du calendrier. Nous vous conseillons de lire ce livre en intégralité pour que vous bénéficiiez pleinement de ces calendriers stratégiques. **Ces suggestions sont là pour vous donner une direction mais le rythme doit être ajusté en fonction de votre style et de votre situation.** On nous demande souvent conseil sur le rythme d'étude à suivre donc nous vous en offrons cinq différents.

1. Calendrier de soldat (débutants) (Page 160)
2. Calendrier de sergent (laboratoire tenté une fois) (Page 169)
3. Calendrier de vétéran (Page 177)
4. Calendrier de SEAL (CCIE suivante) (Page 185)
5. Calendrier de super-héros (CCIE suivante) (Page 193)

Calendrier de soldat (débutants)

Comme son nom l'indique, ce calendrier est pour ceux qui tentent leur laboratoire pour la première fois. Cela vous donne assez de temps pour vous préparer et du temps supplémentaire à passer en mode d'étude extrêmement intense. Selon votre méthode d'apprentissage, ce calendrier accorde une avance de 40 à 60 heures. (Conférer chapitre 8 : Gérer les influences extérieures)

Jour 1 à Jour 15 (15 jours)

Préparez votre voyage

Utilisez ce temps pour vous procurer les ressources dont vous aurez besoin pour les prochains neuf à douze mois. Voici un pense-bête. Vous pouvez ajouter des points si besoin.

1. Décidez des livres pour la CCIE que vous désirez obtenir et achetez-les.
2. Sélectionnez votre formateur et achetez les didacticiels nécessaires.
3. Déterminez quels types de matériel vous avez besoin pour simuler votre laboratoire.

4. Si vous pensez acheter le matériel du véritable laboratoire, vérifiez qu'il possède les versions IOS requises et toutes les interfaces et câbles nécessaires pour simuler votre réseau de laboratoire.

5. Trouvez un lieu d'étude pour la semaine ainsi que le week-end. Cela pourrait être une chambre dans une maison, la maison d'un ami ou d'un partenaire, la bibliothèque ou votre bureau.

6. Si possible, faites attention à votre environnement, la température, la lumière et d'autres facteurs qui pourraient jouer un rôle important dans votre confort pour les plages d'études. S'il fait trop chaud, vous serez endormi, s'il fait trop froid, vous vous sentirez mal à l'aise.

7. Sélectionnez un mobilier ergonomique, ie. chaise, bureau, souris, etc.

8. Choisissez un environnement éclairé naturellement et artificiellement à la fois pour que vous puissiez voir le soleil pendant la journée et ouvrir la fenêtre si besoin.

9. Comme vous allez passer de longues heures dans votre laboratoire, vos muscles et vos articulations pourraient être endoloris donc n'oubliez pas de vous étirer quand vous avez

besoin, bougez et faites des pompes si possible (demandez conseil à votre médecin en cas de problèmes de santé).

10. Munissez-vous de plein de papier et de stylos/crayons à papier de couleur (au moins six couleurs). Vous devrez faire des diagrammes pour votre réseau et choisir différentes couleurs pour les limites de protocoles et technologies.

11. Habillez-vous et chaussez-vous confortablement.

12. Veillez à toujours avoir de l'eau et des collations saines pendant vos séances de travaux pratiques.

13. Quand vous ressentez le besoin de faire une longue pause, vous pouvez faire de l'exercice en regardant une vidéo de Pilate, Tai-chi, Yoga, etc. Cela vous permettra de rester frais et dispo.

Jour 16 à jour 30 (15 jours)

Le voyage commence

Maintenant que toutes vos ressources externes sont en place, vous devez accorder votre dernière ressource, vous. Commencez à lire et ce n'est pas grave si vous vous endormez. Cela veut juste dire que vous avez besoin de plus de repos et de sommeil. Dormez bien et préparez-vous mentalement. C'est le bon moment d'obtenir l'aval de votre famille, vos proches, votre chef et vos collègues. A chaque moment, vous devriez chercher comment gagner plus de temps pour vous. Emportez votre déjeuner au travail, détachez-vous de la télévision, des jeux vidéo, de Twitter, de vos abonnements YouTube, etc. Demandez-vous chaque jour : « qu'avez-vous fait aujourd'hui pour faire de votre CCIE une réalité ? ». Chaque petit pas compte.

Jour 31 à Jour 120 (90 jours)

La base

C'est la base de votre préparation. Ce temps doit être utilisé pour étudier la Vidéo sur Demande en intégralité. Faites tous les laboratoires courts qui sont concentrés sur une technologie spécifique. Une fois ce travail accompli, vous devriez non seulement bien connaître les technologies mais également améliorer votre technique de frappe. Si vous comptez utiliser des alias, ceux-ci doivent être finalisés et assimilés. Vous devriez également vous être familiarisé avec la documentation du site internet de Cisco.

Jour 121 à Jour 150 (30 jours)

Faire le grand saut

Pendant ces trente jours, vous devriez tenter de finir au moins cinq à six laboratoires de huit heures. Au début, vous le ferez en partie et c'est acceptable à cette phase. Vous serez fréquemment coincé ; essayez de trouver la réponse vous-même avant de regarder la solution. Utilisez la documentation Cisco le plus possible et apprenez comment chercher manuellement les commandes et références. Si vous ne pouvez toujours pas résoudre le problème, cherchez sur internet. Tout cela perfectionnera vos connaissances. Si vous avez déjà passé vingt à trente minutes sur le problème, appelez votre partenaire d'étude et voyez si vous pouvez le résoudre ensemble.

A la fin de cette phase, vous devriez avoir une bonne idée de votre progrès et planifier votre date de laboratoire autour du jour 240 (environ 90 jours plus tard).

Jour 151 à Jour 210 (60 jours)

Le grand élan

C'est le moment où vous commencez à compléter les laboratoires de huit heures. Nous attendons de vous que vous les terminiez durant cette phase. A la fin de cette période, vous devriez relier les points. Vous devriez être capable de voir comment les technologies se mettent en place et comment elles peuvent être manipulées pour répondre à la question. Votre niveau de confort augmentera quand vous aurez parcouru la plupart des permutations et combinaisons des technologies qui peuvent être présentées. Vous devriez pratiquer la résolution de problèmes pour réparer un problème existant ou causé par votre propre mauvaise configuration. Votre vitesse et précision de frappe augmenteront et vous devriez pouvoir vous concentrer pendant quatre à six heures sans être fatigué ou avoir besoin de longues pauses.

Jour 211 à jour 240 (30 jours)

A l'intérieur du simulateur

C'est le moment de commencer à faire les laboratoires comme si vous tentiez véritablement l'examen. Planifiez du temps sur du matériel de location si vous utilisez un simulateur. Choisissez un laboratoire au hasard ou demandez à quelqu'un de choisir pour vous et imaginez le laboratoire comment le vrai centre d'examen de la CCIE. Le temps de location du matériel est d'environ 11.5 heures par séance. Choisissez une durée la plus proche possible de celle du véritable laboratoire dans la salle de votre choix. Chronométrez-vous et faites un décompte. Faites une pause déjeuner au bout de quatre heures.

En travaillant sur du vrai équipement de laboratoire, vous vous rendez compte de quelques petites différences. Vous verrez que "wr mem" prend un peu plus de temps et les redémarrages d'appareils prennent encore plus de temps. Certaines fonctions, spécifiques à l'équipement comme le queuing, la multidiffusion ou fonctions de niveau deux, peuvent être entièrement testées et réparées (contrairement au simulateur). Au 240ème jour, vous devriez finir les laboratoires en six heures et demi à sept heures (si c'est un laboratoire de huit heures). Cela devrait vous donner assez de temps pour tout vérifier méticuleusement et relancer les routeurs pour être sûr. Nous accentuons sur cette partie car vous serez légèrement plus sous pression pendant le véritable examen. Une seule petite faute et vous pouvez paniquer et commettre encore plus d'erreurs. Il faut éliminer ces erreurs et contrôler cette panique dès maintenant.

Jour 241 à Jour 270 (30 jours)

Postes de combat

Votre première date de tentative d'examen doit être fixée pendant cette phase. Si vous réussissez à votre première tentative, félicitations ! Vous avez réussi et devriez maintenant penser à votre seconde CCIE. Si vous ne réussissez pas, pas de souci. Comme nous l'avons dit au chapitre 31, « la seconde tentative est courante ». C'est normal donc rechargez vos batteries et concentrez-vous. Vous devriez recommencer dès que vous avez votre score et creuser plus profondément tout ce que vous pouvez améliorer. Faites une pause de 24 à 48 heures au maximum puis recommencez. Selon votre niveau de préparation, planifiez votre seconde tentative dès que possible (voir Chapitre 33 « Le prochain tour »).

Jour 271 à Jour 360 (90 jours)

Revoir l'ennemi à vaincre

Ces 60 jours combinés avec les 30 jours de la phase précédente sont réservés à la planification et la tentative des deux prochains examens. Souvenez-vous, restez persévérant (continuez d'étudier et de vous améliorer sans prendre de longues pauses) et répétez vos efforts.

Email: contact@2doubleccies.com

Calendrier de sergent (laboratoire tenté une fois)

Nous avons intitulé ce calendrier sergent car c'est pour quelqu'un qui a déjà une expérience du laboratoire de la CCIE. Vous êtes peut-être quelqu'un qui a échoué son laboratoire il y a un an et a ensuite abandonné. Ce calendrier accorde une avance de 30 à 45 heures (voir Chapitre 8 : Gérer les influences extérieures) et possède un rythme sain qui vous garde sur la brèche pendant les dix prochains mois.

Jour 1 à Jour 4 (4 jours)

Préparez votre voyage

Utilisez ce temps pour vous procurer les ressources dont vous aurez besoin pour les prochains dix mois. Voici un pense-bête. Vous pouvez ajouter des points si besoin.

1. Décidez des livres pour la CCIE que vous désirez obtenir et achetez-les.
2. Sélectionnez votre formateur et achetez les didacticiels nécessaires.
3. Déterminez quels types de matériel vous avez besoin pour simuler votre laboratoire.

4. Si vous pensez acheter le matériel du véritable laboratoire, vérifiez qu'il possède les versions IOS requises et toutes les interfaces et câbles nécessaires pour simuler votre réseau de laboratoire.

5. Trouvez un lieu d'étude pour la semaine ainsi que le week-end. Cela pourrait être une chambre dans une maison, la maison d'un ami ou d'un partenaire, la bibliothèque ou votre bureau.

6. Si possible, faites attention à votre environnement, la température, la lumière et d'autres facteurs qui pourraient jouer un rôle important dans votre confort pour les plages d'études. S'il fait trop chaud, vous serez endormi, s'il fait trop froid, vous vous sentirez mal à l'aise.

7. Sélectionnez un mobilier ergonomique, ie. chaise, bureau, souris, etc.

8. Choisissez un environnement éclairé naturellement et artificiellement à la fois pour que vous puissiez voir le soleil pendant la journée et ouvrir la fenêtre si besoin.

9. Comme vous allez passer de longues heures dans votre laboratoire, vos muscles et vos articulations pourraient être endoloris donc n'oubliez pas de vous étirer quand vous avez

besoin, bougez et faites des pompes si possible (demandez conseil à votre médecin en cas de problèmes de santé).

10. Munissez-vous de plein de papier et de stylos/crayons à papier de couleur (au moins six couleurs). Vous devrez faire des diagrammes pour votre réseau et choisir différentes couleurs pour les limites de protocoles et technologies.

11. Habillez-vous et chaussez-vous confortablement.

12. Veillez à toujours avoir de l'eau et des collations saines pendant vos séances de travaux pratiques.

13. Quand vous ressentez le besoin de faire une longue pause, vous pouvez faire de l'exercice en regardant une vidéo de Pilate, Tai-chi, Yoga, etc. Cela vous permettra de rester frais et dispo.

Jour 5 à Jour 7 (3 jours)

Le voyage commence

Maintenant que toutes vos ressources externes sont en place, vous devez accorder votre dernière ressource, vous. Commencez à lire et ce n'est pas grave si vous vous endormez. Cela veut juste dire que vous avez besoin de plus de repos et de sommeil. Dormez bien et préparez-vous mentalement. C'est le bon moment d'obtenir l'aval de votre famille, vos proches, votre chef et vos collègues. A chaque moment, vous devriez chercher comment gagner plus de temps pour vous. Emportez votre déjeuner au travail, détachez-vous de la télévision, des jeux vidéo, de Twitter, de vos abonnements YouTube, etc. Demandez-vous chaque jour : « qu'avez-vous fait aujourd'hui pour faire de votre CCIE une réalité ? ». Chaque petit pas compte.

Jour 8 à Jour 90 (83 jours)

La base

C'est la base de votre préparation. Ce temps doit être utilisé pour étudier la Vidéo sur Demande en intégralité. Faites tous les laboratoires courts qui sont concentrés sur une technologie spécifique. Une fois ce travail accompli, vous devriez non seulement bien connaître les technologies mais également améliorer votre technique de frappe. Si vous comptez utiliser des alias, ceux-ci doivent être finalisés et assimilés. Vous devriez également vous être familiarisé avec la documentation du site internet de Cisco.

Jour 91 à jour 120 (30 jours)

Faire le grand saut

Pendant ces trente jours, vous devriez tenter de finir au moins cinq à six laboratoires de huit heures. Au début, vous le ferez en partie et c'est acceptable à cette phase. Vous serez fréquemment coincé ; essayez de trouver la réponse vous-même avant de regarder la solution. Utilisez la documentation Cisco le plus possible et apprenez comment chercher manuellement les commandes et références. Si vous ne pouvez toujours pas résoudre le problème, cherchez sur internet. Tout cela perfectionnera vos connaissances. Si vous avez déjà passé vingt à trente minutes sur le problème, appelez votre partenaire d'étude et voyez si vous pouvez le résoudre ensemble.

A la fin de cette phase, vous devriez avoir une bonne idée de votre progrès et planifier votre date de laboratoire autour du jour 200 (environ 80 jours plus tard).

Jour 121 à Jour 170 (50 jours)

Le grand élan

C'est le moment où vous commencez à compléter les laboratoires de huit heures. Nous attendons de vous que vous les terminiez durant cette phase. A la fin de cette période, vous devriez relier les points. Vous devriez être capable de voir comment les technologies se mettent en place et comment elles peuvent être manipulées pour accomplir les exigences de la question. Votre niveau de confort augmentera quand vous aurez parcouru la plupart des permutations et combinaisons des technologies qui peuvent être présentées. Vous devriez pratiquer la résolution de problèmes pour réparer un problème existant ou causé par votre propre mauvaise configuration. Votre vitesse et précision de frappe augmenteront et vous devriez pouvoir vous concentrer pendant quatre à six heures sans être fatigué ou avoir besoin de longues pauses.

Jour 171 à jour 200 (30 jours)

A l'intérieur du simulateur

C'est le moment de commencer à faire les laboratoires comme si vous tentiez véritablement l'examen. Planifiez du temps sur du matériel de location si vous utilisez un simulateur. Choisissez un laboratoire au hasard ou demandez à quelqu'un de choisir pour vous et imaginez le laboratoire comme le vrai centre d'examen de la CCIE. Le temps de location du matériel est d'environ 11.5 heures par séance. Choisissez une durée la plus proche possible de celle du véritable laboratoire dans la salle de votre choix. Chronométrez-vous et faites un décompte. Faites une pause déjeuner au bout de quatre heures.

En travaillant sur du vrai équipement de laboratoire, vous vous rendez compte de quelques petites différences. Vous verrez que "wr mem" prend un peu plus de temps et les redémarrages d'appareils prennent encore plus de temps. Certaines fonctions, spécifiques à l'équipement comme le queuing, la multidiffusion ou fonctions de niveau deux, peuvent être entièrement testées et réparées (contrairement au simulateur). Au 200ème jour, vous devriez finir les laboratoires en six heures et demi à sept heures (si c'est un laboratoire de huit heures). Cela devrait vous donner assez de temps pour tout vérifier méticuleusement et relancer les routeurs pour être sûr. Nous accentuons sur cette partie car vous serez légèrement plus sous pression pendant le véritable examen. Une seule petite faute et vous pouvez paniquer et commettre encore plus d'erreurs.

Il faut éliminer ces erreurs et contrôler cette panique dès maintenant.

Jour 201 à Jour 291 (90 jours)

Postes de combat

Votre première date de tentative d'examen doit être fixée pendant cette phase. Si vous réussissez à votre première tentative, félicitations ! Vous avez réussi et devriez maintenant penser à votre seconde CCIE. Si vous ne réussissez pas, pas de souci. Comme nous l'avons dit au chapitre 31, « la seconde tentative est courante ». C'est normal donc rechargez vos batteries et concentrez-vous. Vous devriez recommencer dès que vous avez votre score et creuser plus profondément tout ce que vous pouvez améliorer. Faites une pause de 24 à 48 heures au maximum puis recommencez. Selon votre niveau de préparation, planifiez votre seconde tentative dès que possible (voir Chapitre 33 « Le prochain tour »).

Calendrier de vétéran

Ce calendrier n'est définitivement pas pour quelqu'un qui vient de commencer à étudier sa CCIE la première fois. Il est pour ceux qui ont beaucoup étudié récemment et qui ont vraisemblablement tenté le laboratoire. Vous devriez avoir pensé à la CCIE récemment et avoir un avis clair sur le formateur à choisir et une bonne connaissance des technologies qui seront dans l'examen. Ce calendrier accorde une avance de 20 à 30 heures (voir Chapitre 8 : Gérer les influences extérieures) et son rythme est agressif, il vous garde sur la brèche.

Jour 1 (1 Day)

Préparez votre voyage

Utilisez ce temps pour vous procurer les ressources dont vous aurez besoin pour les prochains neuf à douze mois. Voici un pense-bête. Vous pouvez ajouter des points si besoin.

1. Décidez des livres pour la CCIE que vous désirez obtenir et achetez-les.
2. Sélectionnez votre formateur et achetez les didacticiels nécessaires.

3. Déterminez quels types de matériel vous avez besoin pour simuler votre laboratoire.

4. Si vous pensez acheter le matériel du véritable laboratoire, vérifiez qu'il possède les versions IOS requises et toutes les interfaces et câbles nécessaires pour simuler votre réseau de laboratoire.

5. Trouvez un lieu d'étude pour la semaine ainsi que le week-end. Cela pourrait être une chambre dans une maison, la maison d'un ami ou d'un partenaire, la bibliothèque ou votre bureau.

6. Si possible, faites attention à votre environnement, la température, la lumière et d'autres facteurs qui pourraient jouer un rôle important dans votre confort pour les plages d'études. S'il fait trop chaud, vous serez endormi, s'il fait trop froid, vous vous sentirez mal à l'aise.

7. Sélectionnez un mobilier ergonomique, ie. chaise, bureau, souris, etc.

8. Choisissez un environnement éclairé naturellement et artificiellement à la fois pour que vous puissiez voir le soleil pendant la journée et ouvrir la fenêtre si besoin.

9. Comme vous allez passer de longues heures dans votre laboratoire, vos muscles et vos articulations pourraient être endoloris donc n'oubliez pas de vous étirer quand vous avez besoin, bougez et faites des pompes si possible (demandez conseil à votre médecin en cas de problèmes de santé).

10. Munissez-vous de plein de papier et de stylos/crayons à papier de couleur (au moins six couleurs). Vous devrez faire des diagrammes pour votre réseau et choisir différentes couleurs pour les limites de protocoles et technologies.

11. Habillez-vous et chaussez-vous confortablement.

12. Veillez à toujours avoir de l'eau et des collations saines pendant vos séances de travaux pratiques.

13. Quand vous ressentez le besoin de faire une longue pause, vous pouvez faire de l'exercice en regardant une vidéo de Pilate, Tai-chi, Yoga, etc. Cela vous permettra de rester frais et dispo.

Jour 2 (1 jour)

Le voyage commence

Maintenant que toutes vos ressources externes sont en place, vous devez accorder votre dernière ressource, vous.

Commencez à lire et ce n'est pas grave si vous vous endormez. Cela veut juste dire que vous avez besoin de plus de repos et de sommeil. Dormez bien et préparez-vous mentalement. C'est le bon moment d'obtenir l'aval de votre famille, vos proches, votre chef et vos collègues. A chaque moment, vous devriez chercher comment gagner plus de temps pour vous. Emportez votre déjeuner au travail, détachez-vous de la télévision, des jeux vidéo, de Twitter, de vos abonnements YouTube, etc. Demandez-vous chaque jour : « qu'avez-vous fait aujourd'hui pour faire de votre CCIE une réalité ? ». Chaque petit pas compte.

Jour 3 à Jour 80 (78 jours)

La base

C'est la base de votre préparation. Ce temps doit être utilisé pour étudier la Vidéo sur Demande en intégralité. Faites tous les laboratoires courts qui sont concentrés sur une technologie spécifique. Une fois ce travail accompli, vous devriez non seulement bien connaître les technologies mais également améliorer votre technique de frappe. Si vous comptez utiliser des alias, ceux-ci doivent être finalisés et assimilés. Vous devriez également vous être familiarisé avec la documentation du site internet de Cisco.

Jour 81 à Jour 100 (20 jours)

Faire le grand saut

Pendant ces vingt jours, vous devriez tenter de finir au moins cinq à six laboratoires de huit heures. Au début, vous le ferez en partie et c'est acceptable à cette phase. Vous serez fréquemment coincé ; essayez de trouver la réponse vous-même avant de regarder la solution. Utilisez la documentation Cisco le plus possible et apprenez comment chercher manuellement les commandes et références. Si vous ne pouvez toujours pas résoudre le problème, cherchez sur internet. Tout cela perfectionnera vos connaissances. Si vous avez déjà passé vingt à trente minutes sur le problème, appelez votre partenaire d'étude et voyez si vous pouvez le résoudre ensemble.

A la fin de cette phase, vous devriez avoir une bonne idée de votre progrès et planifier votre date de laboratoire autour du jour 170 (environ 70 jours plus tard).

Jour 101 à Jour 150 (50 jours)

Le grand élan

C'est le moment où vous commencez à compléter les laboratoires de huit heures. Nous attendons de vous que vous les terminiez durant cette phase. A la fin de cette période, vous devriez relier les points. Vous devriez être capable de voir comment les technologies se mettent en place et comment elles peuvent être manipulées pour accomplir les exigences de la question. Votre niveau de confort augmentera quand vous aurez parcouru la plupart des permutations et combinaisons des technologies qui peuvent être présentées. Vous devriez pratiquer la résolution de problèmes pour réparer un problème existant ou causé par votre propre mauvaise configuration. Votre vitesse et précision de frappe augmenteront et vous devriez pouvoir vous concentrer pendant quatre à six heures sans être fatigué ou avoir besoin de longues pauses.

Jour 151 à Jour 175 (25 jours)

A l'intérieur du simulateur

C'est le moment de commencer à faire les laboratoires comme si vous tentiez véritablement l'examen. Planifiez du temps sur du matériel de location si vous utilisez un simulateur. Choisissez un laboratoire au hasard ou demandez à quelqu'un de choisir pour vous et imaginez le laboratoire comment le vrai centre d'examen de la CCIE. Le temps de location du matériel est d'environ 11.5 heures par séance. Choisissez une durée la plus proche possible de celle du véritable laboratoire dans la salle de votre choix. Chronométrez-vous et faites un décompte. Faites une pause déjeuner au bout de quatre heures.

En travaillant sur du vrai équipement de laboratoire, vous vous rendez compte de quelques petites différences. Vous verrez que "wr mem" prend un peu plus de temps et les redémarrages d'appareils prennent encore plus de temps. Certaines fonctions, spécifiques à l'équipement comme le queuing, la multidiffusion ou fonctions de niveau deux, peuvent être entièrement testées et réparées (contrairement au simulateur). Au 170ème jour, vous devriez finir les laboratoires en six heures et demie à sept heures (si c'est un laboratoire de huit heures). Cela devrait vous donner assez de temps pour tout vérifier méticuleusement et relancer les routeurs pour être sûr. Nous accentuons sur cette partie car vous serez légèrement plus sous pression pendant le véritable examen. Une seule petite faute et vous pouvez paniquer et commettre encore plus d'erreurs. Il faut éliminer ces erreurs et contrôler cette panique dès maintenant.

Jour 176 à Jour 265 (90 jours)

Postes de combat

Votre première date de tentative d'examen doit être fixée pendant cette phase. Si vous réussissez à votre première tentative, félicitations ! Vous avez réussi et devriez maintenant penser à votre seconde CCIE. Si vous ne réussissez pas, pas de souci. Comme nous l'avons dit au chapitre 31, « la seconde tentative est courante ». C'est normal donc rechargez vos batteries et concentrez-vous. Vous devriez recommencer dès que vous avez votre score et creuser plus profondément tout ce que vous pouvez améliorer. Faites une pause de 24 à 48 heures au maximum puis recommencez. Selon votre niveau de préparation, planifiez votre seconde tentative dès que possible (voir Chapitre 33 « Le prochain tour »).

Calendrier de SEAL (CCIE suivante)

Nous avons intitulé ce calendrier SEAL car il est pour quelqu'un aussi parfait qu'un NAVY SEAL. Vous êtes déjà le meilleur. Vous connaissez les technologies, avez déjà probablement une CCIE et êtes extrêmement motivé. Vous avez peut-être obtenu une CCIE l'année dernière. Ce calendrier accorde une avance (voir Chapitre 8 : Gérer les influences extérieures) de 20 à 30 heures uniquement.

Préparez votre voyage

Vous n'avez pas besoin de cette phase puisque vous connaissez déjà tout cela. Nous avons tout de même laissé ces actions pour votre référence.

1. Décidez des livres pour la CCIE que vous désirez obtenir et achetez-les.
2. Sélectionnez votre formateur et achetez les didacticiels nécessaires.
3. Déterminez quels types de matériel vous avez besoin pour simuler votre laboratoire.
4. Si vous pensez acheter le matériel du véritable laboratoire, vérifiez qu'il possède les versions IOS requises et toutes les

interfaces et câbles nécessaires pour simuler votre réseau de laboratoire.

5. Trouvez un lieu d'étude pour la semaine ainsi que le week-end. Cela pourrait être une chambre dans une maison, la maison d'un ami ou d'un partenaire, la bibliothèque ou votre bureau.

6. Si possible, faites attention à votre environnement, la température, la lumière et d'autres facteurs qui pourraient jouer un rôle important dans votre confort pour les plages d'études. S'il fait trop chaud, vous serez endormi, s'il fait trop froid, vous vous sentirez mal à l'aise.

7. Sélectionnez un mobilier ergonomique, ie. chaise, bureau, souris, etc.

8. Choisissez un environnement éclairé naturellement et artificiellement à la fois pour que vous puissiez voir le soleil pendant la journée et ouvrir la fenêtre si besoin.

9. Comme vous allez passer de longues heures dans votre laboratoire, vos muscles et vos articulations pourraient être endoloris donc n'oubliez pas de vous étirer quand vous avez besoin, bougez et faites des pompes si possible (demandez conseil à votre médecin en cas de problèmes de santé).

10. Munissez-vous de plein de papier et de stylos/crayons à papier de couleur (au moins six couleurs). Vous devrez faire des diagrammes pour votre réseau et choisir différentes couleurs pour les limites de protocoles et technologies.

11. Habillez-vous et chaussez-vous confortablement.

12. Veillez à toujours avoir de l'eau et des collations saines pendant vos séances de travaux pratiques.

13. Quand vous ressentez le besoin de faire une longue pause, vous pouvez faire de l'exercice en regardant une vidéo de Pilate, Tai-chi, Yoga, etc. Cela vous permettra de rester frais et dispo.

Jour 1 (1 jour)

Le voyage commence

Vous savez déjà comment allouer du temps à vos études. Vous pouvez facilement vous détacher d'activités comme le football, les films et autres activités de divertissement. Vous avez déjà votre famille et vos collègues de travail à bord pour que vous puissiez réduire vos tâches quotidiennes à un minimum.

Jour 2 à Jour 60 (59 jours)

La base

C'est la base de votre préparation. Cette phase renforcera vos connaissances sur la plupart des technologies avec lesquelles vous êtes déjà familier et comblera les lacunes qui pourraient subsister. Ce temps doit être utilisé pour étudier la Vidéo sur Demande en intégralité. Faites tous les laboratoires courts qui sont concentrés sur une technologie spécifique. Une fois ce travail accompli, vous devriez non seulement bien connaître les technologies mais également améliorer votre technique de frappe. Si vous comptez utiliser des alias, ceux-ci doivent être finalisés et assimilés. Vous devriez également vous être familiarisé avec la documentation du site internet de Cisco.

Jour 61 à Jour 90 (30 jours)

Faire le grand saut

Pendant ces trente jours, vous devriez tenter de finir au moins cinq à six laboratoires de huit heures. Au début, vous le ferez en partie et c'est acceptable à cette phase. Vous serez fréquemment coincé ; essayez de trouver la réponse vous-même avant de regarder la solution. Utilisez la documentation

Cisco le plus possible et apprenez comment chercher manuellement les commandes et références. Si vous ne pouvez toujours pas résoudre le problème, cherchez sur internet. Tout cela perfectionnera vos connaissances. Si vous avez déjà passé vingt à trente minutes sur le problème, appelez votre partenaire d'étude et voyez si vous pouvez le résoudre ensemble.

A la fin de cette phase, vous devriez avoir une bonne idée de votre progrès et planifier votre date de laboratoire autour du jour 155 (environ 65 jours plus tard).

Jour 91 à Jour 130 (40 jours)

Le grand élan

C'est le moment où vous commencez à compléter les laboratoires de huit heures. Nous attendons de vous que vous terminiez vingt laboratoires de votre choix durant cette phase. A la fin de cette période, les technologies individuelles deviendront très claires dans votre esprit car vous serez passé par de nombreuses permutations et combinaisons qui peuvent être présentées. Vous avez une bonne pratique de la réparation grâce aux nombreuses résolutions de problèmes causés par votre travail.

Ce temps aiguise à la fois votre vitesse et précision de frappe. Vous devriez pouvoir vous concentrer pendant six à huit heures et travailler sans vous sentir fatigué.

Jour 131 à Jour 155 (25 jours)

A l'intérieur du simulateur

C'est le moment de commencer à faire les laboratoires comme si vous tentiez véritablement l'examen. Planifiez du temps sur du matériel de location si vous utilisez un simulateur. Choisissez un laboratoire au hasard ou demandez à quelqu'un de choisir pour vous et imaginez le laboratoire comme le vrai centre d'examen de la CCIE. Le temps de location du matériel est d'environ 11.5 heures par séance. Choisissez une durée la plus proche possible de celle du véritable laboratoire dans la salle de votre choix. Chronométrez-vous et faites un décompte. Faites une pause déjeuner au bout de quatre heures.

En travaillant sur du vrai équipement de laboratoire, vous vous rendez compte de quelques petites différences. Vous verrez que "wr mem" prend un peu plus de temps et les redémarrages d'appareils prennent encore plus de temps. Certaines fonctions, spécifiques à l'équipement comme le queuing, la multidiffusion ou fonctions de niveau deux, peuvent être entièrement testées et réparées (contrairement au simulateur). Au 150ème jour, vous devriez finir les laboratoires en six heures et demie à sept heures (si c'est un laboratoire de huit heures). Cela devrait vous donner assez de temps pour tout vérifier méticuleusement et relancer les routeurs pour être sûr. Nous accentuons sur cette partie car vous serez légèrement plus sous pression pendant le véritable examen. Une seule petite faute et vous pouvez paniquer et commettre encore plus d'erreurs. Il faut éliminer ces erreurs et contrôler cette panique dès maintenant.

Jour 156 à Jour 245 (90 jours)

Postes de combat

Votre première date de tentative d'examen doit être fixée pendant cette phase. Si vous réussissez à votre première tentative, félicitations ! Vous avez réussi et devriez maintenant penser à votre seconde CCIE. Si vous ne réussissez pas, pas de souci. Comme nous l'avons dit au chapitre 31, « la seconde tentative est courante ». C'est normal donc rechargez vos batteries et concentrez-vous. Vous devriez recommencer dès que vous avez votre score et creuser plus profondément tout ce que vous pouvez améliorer. Faites une pause de 24 à 48 heures au maximum puis recommencez. Selon votre niveau de préparation, planifiez votre seconde tentative dès que possible (voir Chapitre 33 « Le prochain tour »).

Calendrier de super-héros (CCIE suivante)

Nous avons intitulé ce calendrier super-héros car c'est pour quelqu'un aussi exceptionnel qu'un super-héros. Il peut arriver qu'un partenaire de Cisco veuille un titulaire de CCIE rapidement dans son équipe. J'ai déjà vu le plus gros partenaire de Cisco donner à ses trois meilleurs ingénieurs six mois pour entièrement se dévouer à l'obtention de la CCIE. Ce calendrier est pour eux mais aussi pour un individu qui vient d'obtenir une CCIE et veut passer la suivante. C'est, comme vous pouvez vous y attendre, un calendrier très court. Nous assumons que, comme vous avez fait ce processus auparavant, vous êtes familier avec le peaufinage et que vous vous êtes préparé à être assis (se) pendant de longues heures. Vous devriez aussi mettre du temps de côté toutes les semaines et être prêt à réserver plus de quarante heures. Ce calendrier a bien marché pour nous quand nous avons commencé à étudier pour notre seconde CCIE, un an après la première. Choisissez un autre calendrier si vous ne pouvez dévouer 40 heures pas semaine à vos études. Ce calendrier est très agressif et demande que votre famille soit déjà à bord et que votre choix de formateur de laboratoire ait déjà été fait. Vous devez trouver un lieu calme où vous ne serez pas dérangé. Vous devriez répondre à toutes les exigences, dont nous avons parlé dans ce livre, en place. Ce calendrier accorde une avance de 10 à 20 heures.

Préparez votre voyage

Vous n'avez pas besoin de cette phase puisque vous connaissez déjà tout cela. Nous avons tout de même laissé ces actions pour votre référence.

1. Décidez des livres pour la CCIE que vous désirez obtenir et achetez-les.
2. Sélectionnez votre formateur et achetez les didacticiels nécessaires.
3. Déterminez quels types de matériel vous avez besoin pour simuler votre laboratoire.
4. Si vous pensez acheter le matériel du véritable laboratoire, vérifiez qu'il possède les versions IOS requises et toutes les interfaces et câbles nécessaires pour simuler votre réseau de laboratoire.
5. Trouvez un lieu d'étude pour la semaine ainsi que le week-end. Cela pourrait être une chambre dans une maison, la

maison d'un ami ou d'un partenaire, la bibliothèque ou votre bureau.

6. Si possible, faites attention à votre environnement, la température, la lumière et d'autres facteurs qui pourraient jouer un rôle important dans votre confort pour les plages d'études. S'il fait trop chaud, vous serez endormi, s'il fait trop froid, vous vous sentirez mal à l'aise.

7. Sélectionnez un mobilier ergonomique, ie. chaise, bureau, souris, etc.

8. Choisissez un environnement éclairé naturellement et artificiellement à la fois pour que vous puissiez voir le soleil pendant la journée et ouvrir la fenêtre si besoin.

9. Comme vous allez passer de longues heures dans votre laboratoire, vos muscles et vos articulations pourraient être endoloris donc n'oubliez pas de vous étirer quand vous avez besoin, bougez et faites des pompes si possible (demandez conseil à votre médecin en cas de problèmes de santé).

10. Munissez-vous de plein de papier et de stylos/crayons à papier de couleur (au moins six couleurs). Vous devrez faire des diagrammes pour votre réseau et choisir différentes couleurs pour les limites de protocoles et technologies.

11. Habillez-vous et chaussez-vous confortablement.

12. Veillez à toujours avoir de l'eau et des collations saines pendant vos séances de travaux pratiques.

13. Quand vous ressentez le besoin de faire une longue pause, vous pouvez faire de l'exercice en regardant une vidéo de Pilate, Tai-chi, Yoga, etc. Cela vous permettra de rester frais et dispo.

Jour de préparation (1 jour)

Le voyage commence

Vous savez déjà comment allouer du temps à vos études. Vous pouvez facilement vous détacher d'activités comme le football, les films et autres activités de divertissement. Vous avez déjà votre famille et vos collègues de travail à bord pour que vous puissiez réduire vos tâches quotidiennes à un minimum.

Jour 1 à Jour 60 (60 jours)

La base

C'est la base de votre préparation. Cette phase renforcera vos connaissances sur la plupart des technologies avec lesquelles vous êtes déjà familier et comblera les lacunes qui pourraient subsister. Ce temps doit être utilisé pour étudier la Vidéo sur Demande en intégralité. Faites tous les laboratoires courts qui sont concentrés sur une technologie spécifique. Une fois ce travail accompli, vous devriez non seulement bien connaître les technologies mais également améliorer votre technique de frappe. Si vous comptez utiliser des alias, ceux-ci doivent être finalisés et assimilés. Vous devriez également vous être familiarisé avec la documentation du site internet de Cisco.

Jour 61 à Jour 110 (50 jours)

Faire le grand saut avec un grand élan

Pendant ces cinquante jours, vous devriez finir tous les laboratoires de quatre heures et tous les laboratoires de huit heures disponibles. Essayez de terminer les laboratoires de huit heures en deux fois au maximum. Tandis que les technologies individuelles sont claires dans votre esprit, vous traverserez ces laboratoires sans difficulté. Vous pourriez être coincé à un stade ou un autre mais devriez vous en sortir assez facilement. Vous devriez également réserver votre date de passage de la CCIE à ce moment. A la fin de cette phase, vous devriez être entièrement prêt en termes de technologie. Vous devez simplement augmenter votre rapidité, votre concentration et votre précision.

Vous devriez avoir une bonne idée de votre progrès à la fin de cette phase et programmer votre laboratoire autour du jour 150 (50 jours plus tard).

Jour 111 à Jour 140 (30 jours)

A l'intérieur du simulateur

C'est le moment de commencer à faire les laboratoires comme si vous tentiez véritablement l'examen. Planifiez du temps sur du matériel de location si vous utilisez un simulateur. Choisissez un laboratoire au hasard ou demandez à quelqu'un de choisir pour vous et imaginez le laboratoire comme le vrai centre d'examen de la CCIE. Le temps de location du matériel est d'environ 11.5 heures par séance. Choisissez une durée la plus proche possible de celle du véritable laboratoire dans la salle de votre choix. Chronométrez-vous et faites un décompte. Faites une pause déjeuner au bout de quatre heures.

En travaillant sur du vrai équipement de laboratoire, vous vous rendez compte de quelques petites différences. Vous verrez que "wr mem" prend un peu plus de temps et les redémarrages d'appareils prennent encore plus de temps. Certaines fonctions, spécifiques à l'équipement comme le queuing, la multidiffusion ou fonctions de niveau deux, peuvent être entièrement testées et réparées (contrairement au simulateur). Au 150ème jour, vous devriez finir les laboratoires en six heures et demi à sept heures (si c'est un laboratoire de huit heures). Cela devrait vous donner assez de temps pour tout vérifier méticuleusement et relancer les routeurs pour être sûr. Nous accentuons sur cette partie car vous serez légèrement plus sous pression pendant le véritable examen. Une seule petite faute et vous pouvez paniquer et commettre encore plus d'erreurs. Il faut éliminer ces erreurs et contrôler cette panique dès maintenant.

Jour 141 à Jour 190 (50 jours)

Postes de combat

Votre première date de tentative d'examen doit être fixée pendant cette phase. Si vous réussissez à votre première tentative, félicitations ! Vous avez réussi et devriez maintenant penser à votre seconde CCIE. Si vous ne réussissez pas, pas de souci. Comme nous l'avons dit au chapitre 31, « la seconde tentative est courante ». C'est normal donc rechargez vos batteries et concentrez-vous. Vous devriez recommencer dès que vous avez votre score et creuser plus profondément tout ce que vous pouvez améliorer. Faites une pause de 24 à 48 heures au maximum puis recommencez. Selon votre niveau de préparation, planifiez votre seconde tentative dès que possible (voir Chapitre 33 « Le prochain tour »).

CONCLUSION

Vous avez pris l'initiative de tenter votre certification CCIE. Vous avez probablement passé beaucoup de temps à rechercher tous les variables, critères, avantages, inconvénients, et beaucoup d'autres questions pertinentes. Vous êtes assez dévoué pour avoir acheté ce manuel, que nous pensons être le premier de son genre pour les passionnés de la CCIE, et l'avez, nous l'espérons, lu en intégralité jusqu'ici.

Nous espérons que lire ce livre est juste une des nombreuses petites et grandes étapes que vous explorerez dans ce voyage transformateur à vie, la poursuite de votre numéro de CCIE. Nous espérons également que cette poursuite de l'excellence, de l'éthique professionnelle, de la gestion du temps et du stress, des techniques d'organisation, du travail d'équipe, de l'effort de collaboration, d'une connaissance étendue, de la foi (croyez en vous) et de nombreuses autres compétences mentionnées dans ce livre, nécessaires pour obtenir votre CCIE, vous aideront à atteindre un succès encore plus grand et une évolution dans votre carrière. Vous pouvez également améliorer votre santé ou même votre spiritualité si vous le désirez, ou tout autre sujet que vous choisissez de perfectionner.

Notre but est d'avoir, grâce à ce livre, fait la différence dans votre faim, votre appétit, et votre détermination d'obtenir votre CCIE. N'écoutez jamais ceux qui vous disent que c'est trop dur ou que cela n'en vaut pas la peine. Vous seul, grâce à votre travail, persévérance, dévouement, attitude positive et détermination, pouvez ressentir la joie véritable d'atteindre un but qui semblait au début etre hors de portée ou même, selon certains pessimistes, impossible ou ne valait pas le sacrifice d'abandonner les plaisirs immédiats pour des résultats plus grands et gratifiants sur du long terme. Cette récompense convoitée peut vous emmener vers une vie riche en accomplissements et bonheurs.

Nous espérons connaître vos réussites, la meilleure récompense que nous pourrions obtenir après le dur travail que nous avons investi dans ce livre.

Email: contact@2doubleccies.com

> **Note de Dean & Vivek:**
>
> Ce manuel est le travail commun de deux ingénieurs comme vous, qui ont rêvé de partagé ce qu'ils avaient appris dans la quête de leurs deux CCIE.
>
> Si vous appréciez nos conseils et ce que nous avons écrit, passez le mot à vos collègues.
>
> Donnez-nous une chronique positive sur Amazon, Linkedin, Facebook et autres communautés en ligne.
>
> Merci !
>
> # www.2doubleccies.com

- ✓ Dites-nous ce que vous pensez de ce livre.
- ✓ Donnez-nous deux ou plus de manières d'améliorer ce livre.
- ✓ Visionnez nos vidéos.
- ✓ Partagez vos expériences. (contact@2doubleccies.com)
- ✓ Participez à nos séminaires et séminaires en ligne.

- **Stratégie pour réussir votre laboratoire de CCIE**
    - ✓ En anglais, espagnol et autres langues.
- **Stratégie pour réussir votre CCNA**
    - ✓ En anglais, espagnol et autres langues.
- **Stratégie pour réussir votre CCNP**
    - ✓ En anglais, espagnol et autres langues.
- **CCNA "Apprentissage par immersion"** séries de eBooks.

Email: contact@2dobleccies.com

www.ingramcontent.com/pod-product-compliance
Lightning Source LLC
Chambersburg PA
CBHW061506180526
45171CB00001B/54